Walter Schwery

Im Strom des Erwachens

Walter Schwery

Im Strom des Erwachens

Der Kundaliniweg des Siddha-Yoga und der Individuationsprozeß nach C. G. Jung

Ansata-Verlag
Paul A. Zemp
Rosenstraße 24
CH-3800 Interlaken
Schweiz
1988

Foto auf dem Schutzumschlag:
Kumbakolam, Sarngapani Tempel, Lingodbhavamurti,
Privataufnahme des Verfassers

Deutsche Erstveröffentlichung

Satz: Jung SatzCentrum, Lahnau
Druck: Kösel, Kempten/Allgäu
ISBN 3-7157-0118-8

Inhalt

Definition und Transliteration der Sanskrit-Begriffe

1. Die Bedeutung der Sanskrit-Ausdrücke ist in einem Glossar im Anhang dieser Arbeit in alphabetischer Reihenfolge erklärt. Begriffserklärungen wurden in der Regel nur soweit in den Text aufgenommen, als dies für dessen Verständnis notwendig ist.

2. Da sich diese Arbeit nicht nur an den Fachwissenschaftler wendet, wurde auf eine buchstabengetreue Umsetzung des Sanskrit-Alphabets, insbesondere auf die diakritische Auszeichnung der Vokale, verzichtet.

Aussprache der im Text vorkommenden Sanskritwörter:
ch = tsch, j = dsch, sh = sch, y = j.

Vorwort

Ich finde, eine Reise nach Indien ... ist im ganzen höchst erbaulich und, vom psychologischen Standpunkt aus äußerst ratsam, obschon sie einem erhebliches Kopfweh verursachen kann.

C. G. Jung[1]

An diese Worte C. G. Jungs mußte ich denken, als in mir die Idee zu reifen begann, die Erfahrungen und Eindrücke meiner Begegnung mit Indien und einem besonderen Bereich der indischen Spiritualität zum Thema einer kritischen Auseinandersetzung im Lichte der analytischen Psychologie C. G. Jungs zu machen. Ich möchte in ein paar einleitenden Worten die Hintergründe etwas aufhellen, die mich zu jenen Erfahrungen führten, welche mir, nach den Worten Jungs, «erhebliches Kopfweh» verursachten und heute noch verursachen. Diese Erfahrungen sind mir sozusagen «zugefallen», ohne daß ich sie gesucht hätte und ohne daß ich vorher näher mit ihren religiösen, philosophischen und psychologischen Hintergründen vertraut gewesen wäre. Ich versuche also, mir im nachhinein darüber klar zu werden, von welcher Natur meine Erlebnisse waren und noch sind und wie ich sie in mein Leben einzuordnen habe. Auch Jung sind jene Erfahrungen, die, wie er sagte, sein ganzes Leben prägten, spontan zugestoßen. Erst dann versuchte er in jahrzehntelanger und geduldiger Arbeit, diese zu verstehen und in sein Weltbild einzuordnen.

Ich bin mir bewußt, daß es ein äußerst kühnes Unterfangen ist, in eine jahrtausendealte, hochgeistige indische Tradition, wie es die Siddha-Tradition ist, mit dem Werkzeug der analytischen Psychologie verstehend eindringen und dabei die Brücke finden zu wollen, welche meine Siddha-Yoga-Erfahrungen mit meinen christlich-abendländischen Wurzeln verbinden soll.

Mir stellt sich die Frage, ob persönliche religiöse Erfahrungen auch geeignet seien, um als Grundlage für eine vergleichende Untersuchung zu dienen. Sollte hier nicht der biblische Satz gelten, daß der Mann, der die Perle, das Himmelreich, findet, sie wieder verbirgt? Ich habe mich dennoch für die Veröffentlichung entschieden. Von Franz wendet sich gegen zwei Verhaltensweisen: einmal, seine Erfahrung um jeden Preis jedem erzählen zu wollen, denn das berge die Gefahr, unverständlich und lächerlich zu wirken. Es erfolge häufig bei einer Inflation, wenn man aus Eitelkeit die Umgebung beeindrucken will und so alles Geschenkte wieder verliert. Ebenso falsch sei es andererseits, alles für sich behalten zu wollen und sich äußerlich als derselbe alte intellektuelle oder fromme Pharisäer, oder was immer man vorher war, zu geben. Soweit möglich kann man die numinose Erfahrung unter der Maske der Persona verbergen, aber wenn irgendeine innere Aufforderung erfolgt, sie zu enthüllen, sollte man auch das mutig tun[2].

I.

Begegnung mit dem Osten

1.
C. G. Jungs Indienreise

Indien ist nicht etwa spurlos an mir vorübergegangen – im Gegenteil, es hat Spuren in mir hinterlassen, die von einer Unendlichkeit her in eine andere wandern.

C. G. Jung[1]

Nach Barbara Hannah ist Jungs Indienreise auf einem ganz andern Hintergrund zu sehen als andere vorangegangene Reisen. Die beiden ersten nach Nordafrika und zu den amerikanischen Indianern hatte er unternommen, um den weißen Mann von einem Punkt außerhalb seiner Kulturwelt betrachten zu können. Die Reise nach Ostafrika und Ägypten hatte offenbar den Zweck, die Psychologie der Primitiven studieren zu können und sich Ägypten nilabwärts von Afrika her und nicht wie sonst üblich vom Mittelmeer her zu nähern.[2] Der Anlaß zu der Indienreise war eine Einladung der Britisch-Indischen Regierung zu den Feierlichkeiten, die anläßlich des 25jährigen Jubiläums der Universität Calcutta im Januar 1938 stattfanden. Im Verlauf derselben erhielt er drei Doktordiplome: in Allahabad, Benares und Calcutta.

Im Rahmen eines im Psychologischen Club Zürich gehaltenen Vortrags versuchte A. Ribi, die Indienreise Jungs 1937/38, die sich über drei Monate erstreckte, zu rekonstruieren.[3] Nach Ribi nimmt diese Reise im Leben Jungs allerdings keinen bedeutenden Platz ein, weil er gerade damals tief in der Auseinandersetzung mit der Alchemie steckte. Bis zum Jahre 1937 hatte er aber schon viel über indische Philosophie und Religionsgeschichte gelesen und war vom Wert östlicher Weisheit zutiefst überzeugt.[4]

1935 begann Jung in einem kleinen Wachstuchheft Notizen zur Alchemie zu machen. Dieses war der erste Exzerptband, dem sieben weitere folgten. Exzerptband VII gibt ein Bild davon, was Jung in Indien an den Sehenswürdigkeiten interessierte und wie er diese in sein Denken integrierte.

Die genaue Reiseroute konnte Ribi aus den Exzerpten nicht rekonstruieren. Es sei wahrscheinlich, nimmt er an, daß Jung im Dezember 1937 in Bombay landete und von dort aus die berühmten Höhlentempel von Ellora und Adschanta besuchte. Dann besichtigte Jung wohl die große Stupa von Santschi, die, wie er in seinen Erinnerungen schreibt, ihn mit unerwarteter Gewalt ergriff und in eine Emotion versetzte, die immer dann bei ihm einzutreten pflegte, wenn er einer Sache, einer Person oder einem Gedanken begegnete, deren Bedeutung ihm noch unbewußt war.[5] Über Agra ging es dann wohl über Allahabad nach Benares, wo er sich den berühmten Vorort Sarnath anmerkte, aber nicht, weil dort im «Hirschpark» der Buddha das Rad des Gesetzes in Bewegung gesetzt hatte, sondern weil sich in einer buddhistischen Schrift eine Anweisung zum Bau einer Stupa befinden soll, deren sakraler Schirm einen Lotus symbolisieren soll. Am 31. Dezember 1937 hatte er ein Interview mit dem Rimpotche Lingdam Gomchen vom Bhutia Busty Kloster in Dardschiling, der ihm Erläuterungen über das Mandala gab. Er erklärte ihm das r-dorje (ähnl. Sanskr. vajra) als Diamanten, der das Unzerstörbare und den Donnerkeil bedeute, und das Swastika als das, was nicht zerbrochen, nicht getrennt und nicht verdorben werden kann. Das Feuer um das Mandala herum sei das Feuer der Eifersucht.

Dann führte ihn die Reise nach Calcutta, wo er mit Dysenterie für zehn Tage im Spital lag. Nach seiner Genesung hatte er einen bedeutenden Traum von der Quest des Hl. Gral und der Suche nach dem «Stein des Philosophen», welcher ihn ins Abendland zurückversetzte und die noch so intensiven indischen Tageseindrücke wegwischte. Aber er sollte noch viel mehr von Indien sehen, als in den «Erinnerungen» erwähnt ist. Von Calcutta aus reiste er vermutlich südlich der Küste entlang nach Bhubenashwar mit einem Tempel aus dem 7. Jahrhundert, wo er sich Zeichnungen machte. Über Puri, bekannt durch den Dschaganath-Tempel (12. Jh.) und das «Wagenfest» (Rath Jatra), kam er nach Belur Math am Hooghly, nördlich von Calcutta, wo die Weihe des Sri-Rama-Krishna-Tempels stattfand. Dort wurde ihm erklärt, daß in der Morgenandacht alle sieben

Chakren meditiert werden und man die Kundalini stimuliere, während die Abendandacht mit der Imagination des Sri Rama Krishna beginnt. Vermutlich über Haiderabad dürfte er dann nach Mysore gelangt sein, wo er als Gast des Maharadscha sich mit dessen Guru unterhalten konnte. Hier waren es die vielen Naga-Steine mit einfachen und doppelten Schlangendarstellungen wie beim klassischen Caduceus, welche ihn innerlich erregten. Im Tempel der Minakschi, der Göttin mit den Fischaugen, in Madurai beeindruckte ihn ein plastisches Mandala in Form eines Lotus, welches das weibliche Geschlecht als Glück und Aufenthaltsort der Götter darstellt.

Über Tritschur, einem bedeutenden religiösen Zentrum für Hindufeste, kam er dann nach Trivandrum, der «Heiligen Stadt der Schlange Ananta» (= Ewigkeit), auf welcher der Gott Vishnu ruht. Hier wie auch in Kandy, der alten Königsstadt auf Sri Lanka, erlebte er die Wirkung der Vibration von Trommelkonzerten, auf die er in seinen «Erinnerungen» besonders eingeht.[6] Sri Lanka war die letzte Station seiner Reise; dann kehrte er nach Hause zurück. Soweit – nach Ribi – der «extravertierte Teil» von Jungs Indienreise.

«Indien hat mich», schreibt Jung in seinen *Erinnerungen,* «wie ein Traum berührt, denn ich war und blieb auf der Suche nach mir selber, nach der mir eigenen Wahrheit.» Er gestand, diese Reise sei die verwirrendste Erfahrung seines Lebens gewesen[7], und in Indien habe er zum ersten Mal unter dem unmittelbaren Eindruck einer fremden, hochdifferenzierten Kultur gestanden.[8]

Obschon Jung sich schon lange vor seiner Indienreise mit den alten religiösen und philosophischen Schriften des Ostens intensiv beschäftigt hatte und sich bewußt war, daß diese für ihn und den Westen von größter Bedeutung seien, hat ihn dennoch der direkte Kontakt mit Indien irritiert. Es gab hier Erfahrungsbereiche, die er als fremd empfand und die er mit seiner seelischen Struktur nicht vereinbaren konnte.

Nach Barbara Hannah stammte dieses «fremde» Element aus höheren Schichten, aus der Schicht der großen Gruppe, der darüberliegenden Nation, der Sippe und so weiter. Diese Aspekte der indischen Kultur waren es, die Jung – während der eiligen Besichtigungen der ganzen Gruppe, an denen er teilnahm – überhaupt nicht verdauen konnte, und warum er nach seiner Meinung in Calcutta

Abb. 1

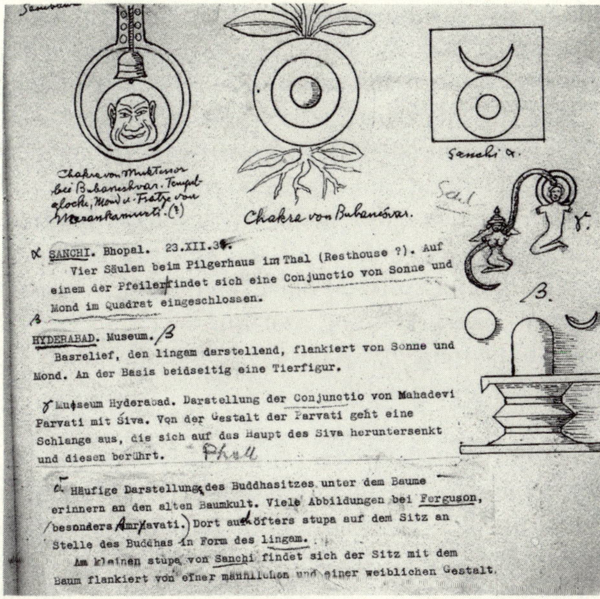

α SANCHI. Bhopal. 23.XII.37.
Vier Säulen beim Pilgerhaus im Thal (Resthouse ?). Auf einem der Pfeiler findet sich eine Conjunctio von Sonne und Mond im Quadrat eingeschlossen.

β HYDERABAD. Museum. β
Basrelief, den lingam darstellend, flankiert von Sonne und Mond. An der Basis beidseitig eine Tierfigur.

γ Museum Hyderabad. Darstellung der Conjunctio von Mahadevi Parvati mit Śiva. Von der Gestalt der Parvati geht eine Schlange aus, die sich auf das Haupt des Siva heruntersenkt und diesen berührt. Phall

Häufige Darstellung des Buddhasitzes unter dem Baume erinnern an den alten Baumkult. Viele Abbildungen bei Ferguson, (besonders Amravati.) Dort auch öfters stupa auf dem Sitz an Stelle des Buddhas in Form des lingam.
Am kleinen stupa von Sanchi findet sich der Sitz mit dem Baum flankiert von einer männlichen und einer weiblichen Gestalt.

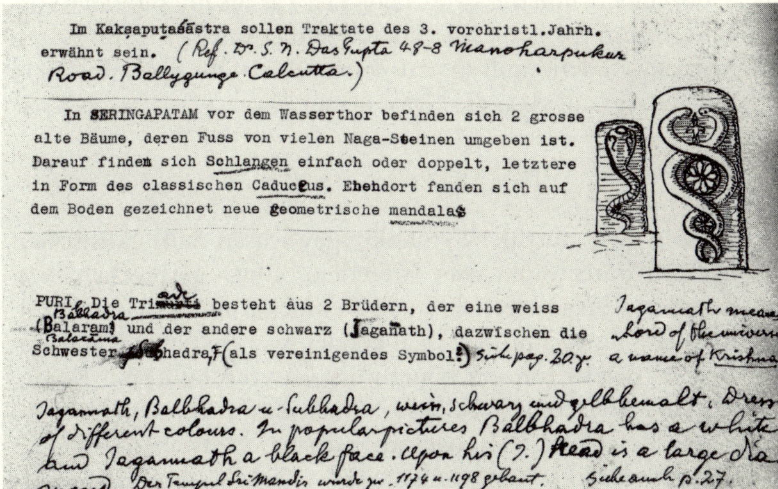

Im Kakṣaputaśāstra sollen Traktate des 3. vorchristl. Jahrh. erwähnt sein. (Ref. Dr. S. N. Das Gupta 48-8 Manoharpukur Road. Ballygunge Calcutta.)

In SERINGAPATAM vor dem Wasserthor befinden sich 2 grosse alte Bäume, deren Fuss von vielen Naga-Steinen umgeben ist. Darauf finden sich Schlangen einfach oder doppelt, letztere in Form des classischen Caduceus. Ebendort fanden sich auf dem Boden gezeichnet neue geometrische mandalas

PURI. Die Triade besteht aus 2 Brüdern, der eine weiss (Balbhadra Balarāma) und der andere schwarz (Jaganath), dazwischen die Schwester Subhadra, F (als vereinigendes Symbol?) siehe pag. 20 γ.

Jaganath means Lord of the universe, a name of Krishna

Jaganath, Balbhadra u. Subhadra, weiss, schwarz und gelb bemalt. Dress of different colours. In popular pictures Balbhadra has a white and Jaganath a black face. Upon his (J.) head is a large diamond. Der Tempel Sri Mandir wurde zw. 1174 u. 1198 gebaut. Siehe auch p. 27.

Aus C. G. Jungs Indien-Tagebuch

(mit freundlicher Bewilligung von Lorenz Jung)

krank wurde.[9] Die Auffassung Hannahs, daß das, was Jung in Indien als «fremd» irritierte, aus bewußtseinsnäheren Schichten des Unbewußten stammt, scheint mir für die Beantwortung der Frage nach dem Verhältnis Jungs zu Indien und zum Osten überhaupt einen wichtigen Schlüssel zu liefern. Denn bei oberflächlicher Lektüre von Jungs Werk kann leicht der Eindruck einer gewissen Widersprüchlichkeit in seiner Haltung zum Osten und zu östlichen Praktiken aufkommen. Im folgenden sei versucht, etwas von der facettenreichen Haltung Jungs gegenüber der östlichen Spiritualität aufzuzeigen, um dann vielleicht eine Antwort darauf zu finden, warum Jung eine grundsätzlich warnende Haltung einnahm.

Auf seiner Indienreise hat Jung die Begegnung mit allen sogenannten «Heiligen» vermieden.

> Ich habe sie vermieden, weil ich mit meiner eigenen Wahrheit vorlieb nehmen mußte und nichts anderes annehmen durfte als das, was ich selber erreichen konnte. Es wäre mir wie Diebstahl vorgekommen, wenn ich von den Heiligen hätte lernen und ihre Wahrheit für mich hätte akzeptieren wollen. Ihre Weisheit gehört ihnen, und mir gehört nur das, was aus mir selbst hervorgeht. In Europa kann ich vollends keine Anleihen beim Osten machen, sondern muß aus mir selbst leben – aus dem, was mein Inneres sagt oder was die Natur bringt.[10]

In den *Erinnerungen* fragt sich Jung:

> Werden wir fertige Symbole, gewachsen auf exotischem Boden, durchtränkt mit fremdem Blut, gesprochen von fremden Zungen, genährt von fremder Kultur, gewandelt in fremder Geschichte, anziehen können wie ein neues Kleid, ein Bettler, der sich in ein königliches Gewand hüllt, ein König, der sich als Bettler verkleidet? Oder gibt es in uns irgendwo einen Befehl, keinen Mummenschanz zu treiben, sondern unser Gewand selber zu machen?[11] – Wohl sind wir die rechtmäßigen Erben der christlichen Symbolik, aber dieses Erbe haben wir irgendwie vertan. Wir haben das Haus verfallen lassen, das unsere Väter gebaut, und versuchen nun, im

> Orient in orientalische Paläste einzubrechen, die unsere Nöte nie kannten.[12]

Jung streitet nicht nur unser Recht ab, die östliche Einstellung zu übernehmen, sondern ist auch überzeugt davon, daß wir damit einen großen Fehler begingen.[13] Wann immer er konnte, warnte er, östliche Praktiken unbesehen zu übernehmen und begründete dies auch. In einem Brief an seinen Schüler Oskar A. H. Schmitz ist Jung zwar einverstanden, einen Vergleich der psychoanalytischen und der psychosynthetischen Methode als Mittel der Selbstverwirklichung mit der Yogamethode zuzulassen. Aber dann präzisiert er sofort: «Es scheint mir aber, als müsse man Nachdruck darauf legen, daß es sich bloß um eine Analogie handelt, da heutzutage allzu viele Europäer geneigt sind, östliche Ideen und Methoden unbesehen in unsere abendländische Mentalität zu übersetzen. Dies geschieht meines Erachtens weder zu unserem Vorteil noch zum Vorteil jener Methoden»[14]. Einem nicht genannten Adressaten schreibt er:

> Wir glauben, diese Probleme (d. h. den Gegensatz von Geist und Materie. Der Verf.) lösen zu können durch den Einsatz des Bewußtseins, indem wir Yogamethoden und solche gefährlichen Sachen nachahmen; aber wir vergessen ganz, daß wir zuerst die Verbindung zwischen den höheren und tieferen Schichten unserer Psyche herstellen sollten. Im östlichen Menschen existiert eine solche Verbindung, während wir durch mehr als tausend Jahre christlicher Prägung von unserer Erde abgeschnitten wurden. Deshalb muß der Mensch zuerst die Verbindung mit dem Unbewußten herstellen; erst dann kann er wirklich verstehen, worauf die östlichen Methoden abzielen.[15]

Jungs ablehnende Haltung gegenüber einer unbesehenen Übernahme östlicher Einstellung und östlicher Praktiken ist mit diesen Zitaten aus seinem Werk – die erweitert werden könnten – wohl hinlänglich belegt. Ebenso unübersehbar ist aber seine außerordentliche Hochachtung, ja Ehrfurcht vor der jahrtausendealten Weisheit des Ostens. Diese Weisheit steht um so leuchtender und verlockender vor dem westlichen Menschen, als es, wie Jung es sieht, um dessen Psyche bedenklich bestellt ist.

> Längs der großen Heeresstraßen der Welt scheint alles verödet und verbraucht. Darum verläßt der suchende Instinkt die betretenen Pfade und sucht das Abseitige, genau wie sich der antike Mensch der olympischen Götter entledigte und vorderasiatische Mysterien aufstöberte.[16]
>
> Mit der Seele des Abendlandes steht es um so bedenklicher, als wir noch Illusionen von unserer inneren Schönheit der unbarmherzigen Wahrheit vorziehen. Der abendländische Mensch lebt in einer förmlichen Dunstwolke der Selbstberäucherung, die ihm sein wirkliches Antlitz verhüllen soll.[17]

Die «unbarmherzige Wahrheit» ist aber die, daß dem abendländischen Menschen nichts Religiöses mehr geblieben ist als die historische Gestalt Christi, ein umstrittener Gottesbegriff und dogmatische Glaubenssätze, die zunehmend mehr Menschen zunehmend weniger annehmen können. «Der abendländische Mensch ist deshalb», schreibt Jung,

> in eine Schutzlosigkeit hinausgestoßen, vor der es dem natürlichen historischen Menschen schlechthin graut. Das aufgeklärte, sehr vernünftige Bewußtsein weiß zwar davon nichts, will auch nichts davon wissen, sucht aber anderswo in aller Stille, was in Europa verlorenging. Man forscht nach den wirkenden Bildern, den Anschauungsformen, welche die Beunruhigung von Herz und Sinn befriedigen – und findet die Schätze des Ostens.[18]

Nach Jung ist es deshalb mehr als ein bloßer Scherz der Weltgeschichte, daß eben gerade zu jener Zeit, da die *déesse raison* (die Göttin Vernunft) Urständ feierte, es gerade ein Franzose war, *Anquetil du Perron* (1731–1805), der nach seiner Rückkehr aus Indien aus einer ihm zugesandten persischen Übersetzung der Upanishaden während der Schreckensherrschaft der französischen Revolution das *«Oupnekhad»* (moderne nordindische Form des Wortes Upanishad) ins Lateinische übertrug. Das in Straßburg 1801/02 in zwei Bänden veröffentlichte Werk hat auf die Philosophen der Romantik, vor allem auf Arthur Schopenhauer, sehr befruchtend gewirkt, und Schopenhauer hat es bis zu seinem Lebensende hochgehalten und gepriesen: «Die belohnendste und erhebendste Lektüre, die auf der Welt möglich ist: sie ist der Trost meines Lebens und wird der meines Sterbens sein.»

Diese Übersetzung hat dem Abendland zum ersten Mal einen tieferen Einblick in den rätselhaften Geist des Ostens ermöglicht. Für den Historiker sei dies wohl ein vom geschichtlichen Kausalzusammenhang losgelöster Zufall gewesen, meint Jung.

> Mein ärztliches Vorurteil kann aber hierin schlechterdings keinen Zufall erblicken, denn es geschah alles nach der psychologischen Regel, die im Leben von unfehlbarer Gültigkeit ist: Für jedes bedeutsame Stück, das im Bewußtsein entwertet ist und daher zugrunde geht, erhebt sich auf der andern Seite im Unbewußten eine Kompensation. Dies geschieht nach dem Grundsatz der Erhaltung der Energie, denn auch unsere psychischen Vorgänge sind *energetische* Prozesse. Kein subjektiver Wert kann verschwinden, ohne durch ein Äquivalent ersetzt zu werden.
>
> Und wie das Dunkle in mir, dem einzelnen, das hilfreiche Helle herausfordert, so geschieht es im seelischen Leben eines Volkes. Die dunkle namenlose Masse, die in Notre Dame zerstörerisch zusammenströmte, befiel auch den einzelnen, sie traf auch *Anquetil du Perron,* in welchem sie eine Antwort provozierte, die welthistorisch wurde. Von ihm stammten Schopenhauer und Nietzsche, von ihm entspringt der noch unabsehbare Einfluß des Ostens. Hüten wir uns, diesen Einfluß zu unterschätzen![19]

Das «bedeutsame Stück», das heute in unserem Bewußtsein entwertet ist und zugrunde geht, ist der christliche Mythos. «Was die christlichen Völker betrifft, so ist ihr Christentum eingeschlafen und hat es versäumt, im Lauf der Jahrhunderte seinen Mythos weiterzubauen»[20]. Für Jung hat das Christentum also keinen lebendigen

Mythos mehr. Auch er selbst lebte diesen Mythos nicht mehr.[21] Er zieht darum die Konsequenz aus diesem trostlosen Zustand der abendländisch-christlichen Psyche: «Wenn ein Christ noch so sehr auf seinem Glauben, der ihm nicht einmal gegen seine Neurose hilft, insistiert, so ist sein Glaube eitel, und es ist dann besser, daß er das, wessen er bedarf, demütig annimmt, gleichgültig wo er es antrifft, wenn es ihm nur hilfreich entgegenkommt. In diesen Dingen geht es schließlich nicht mehr ums Rechthaben und um den Machtanspruch des Einziggültigseins, sondern um lebenswichtige Einsichten und Umstellungen. Der Christ braucht keineswegs seine religiöse Überzeugung zu verleugnen, wenn er Anleihen beim Buddhismus aufnimmt, denn er kommt damit der Aufforderung des Apostels Paulus nach: *Omnia autem probate; quod bonum est, tenete* (Prüfet alles und behaltet das Beste) (Thessalonicher 5,21).[22]

Die Warnung Jungs vor unbesonnener Übernahme östlicher spiritueller Einstellung oder Praktiken ist trotzdem deutlich. Er warnt, weil er weiß, daß die gegenwärtige seelische Verfassung des abendländischen Menschen eine schlechte Voraussetzung für eine fruchtbare Begegnung mit dem Osten ist. Er hat den Zugang zu seiner Seele, zu seinen Wurzeln, zu seinem Selbst verloren. Alles Großartige sieht er draußen, in der von ihm erbauten monumentalen Welt, während sein Seelenhintergrund ärmlich und unzulänglich ist. Die Seele ist verarmt, weil die christliche Religion das heutige Leben in seiner vielseitigen Fülle nicht mehr zu umfassen und zu deuten vermag. Doch ohne die Seele geht es nicht, und immer mehr Menschen greifen deshalb nach allem, was ihren dürstenden Seelen entgegenkommen könnte. Wie im alten Rom breitet sich ein hemmungsloser religiöser Eklektizismus aus, der aber einer echten Seelenerfahrung ebenso gründlich im Wege steht wie vordem seine extravertiert-materialistische Einstellung. Weil der abendländische Mensch die Verbindung zu seinem Unbewußten verloren hat, leidet er sozusagen an einer «seelischen Ichschwäche», die oft jenes Maß an Besonnenheit verhindert, dessen er bedürfte, wenn er starken religiösen Inhalten aus andern Kulturen begegnen will. Wohl empfiehlt der Apostel, alles zu prüfen und das Beste zu behalten. Voraussetzung für eine fruchtbare Prüfung ist aber seelische Kultur. Mit der Entdeckung der Psychologie haben wir zunächst erst den Anfang einer neuen seelischen Kultur geschaffen. Ohne solchen Boden laufen wir Gefahr, statt einer befruchtenden Begegnung mit dem Osten einer Inflation zu erliegen und uns selbst zu verlieren.

Es sind bis heute leider immer noch verhältnismäßig wenige Menschen, die den Weg zur Analytischen Psychologie und über diese den Weg zu ihrem Selbst finden. Dagegen zieht es Millionen – vor allem junge Menschen – zu östlichen und neuerdings auch zu indianischen und afrikanischen Heilswegen. Viele von ihnen brechen bedenkenlos die letzten Brücken zu ihrem christlich-abendländischen Seelengrund ab und geraten dann nicht selten in eine psychische Abhängigkeit von diesen Heilswegen und ihren Verkündigern. Mit Schrecken konstatieren die christlichen Konfessionen die starke Ausstrahlungskraft dieser religiösen Bewegungen und versuchen nun, durch die Schaffung besonderer kirchlicher Stellen zur Bekämpfung von Jugendsekten dieser Entwicklung entgegenzusteuern. Leider sind deren Aktivitäten oft mehr durch Unsachlichkeiten und Unkenntnis der eigentlichen Problematik gekennzeichnet als durch objektive Kenntnis und Verständnis. Daß hier auch die Religionswissenschaft noch einiges hinzulernen muß, hat G. Schmid in einem Vortrag im Rahmen der Schweizerischen Gesellschaft für Religionswissenschaft deutlich aufgezeigt.[23]

Jung lehnt also nicht die lebendige Begegnung mit dem Osten ab, sondern die blinde Übernahme und Nachahmung jener religiösen Ausprägungen, die kulturspezifisch sind und die Barbara Hannah als «fremdes Element» bezeichnet. Diese von einer fremden Kultur genährten Symbole uns einfach überzustülpen, hieße nach Jung «geistige Bettelei» und «Mummenschanz». Für ihn ist das nicht der Weg zur Erneuerung, sondern zu Neurose und Krankheit.

Der Weg zur Selbsterfahrung führt nach Jung durch «die höheren Schichten» der *eigenen* Seele und nicht durch Anempfinden jener anderen Kulturen. Unsere Aufgabe ist es, *diesen* Weg wiederzufinden. Wie das geschehen kann, darüber kann uns der Osten ohne Zweifel einiges lehren. Aber zuerst müssen wir lernen, uns so anzunehmen, wie wir sind. Das bedeutet «freiwillige Bankrotterklärung, das Gelübde der Armut und Enthaltung im neueren Sinne, sogar den schmerzlichen Verzicht auf die Gloriole von Heiligkeit»[24]. Das heißt Verzicht auf die christliche Überheblichkeit gegenüber andern Religionen, aber auch Verzicht auf eine oberflächliche exotische Staffage. Die wirklich großen Vertreter östlicher Spiritualität haben das ebenfalls klar erkannt. Sie betonen darum immer wieder, daß es ihnen nicht darum gehe, Menschen anderer Kulturen in Inder zu verwandeln, sondern ihnen die Mittel in die Hand zu geben, mit denen sie sich selbst wieder zu besseren Christen, Juden oder Mohammedanern machen können.[25] Daß der Osten unsere seelische Notlage erkennt und uns seine Heilmittel zur Verfügung stellen will, mag den Anspruch auf das Wahrheitsmonopol und die Eitelkeit des etablierten Christentums verletzen. Für viele ist aber die Hilfe aus dem Osten der einzige Lichtstrahl in der Finsternis ihrer Seele.

Der Westen hat, wie ich es sehe, keine andere Wahl, als sich mit dem Osten auseinanderzusetzen. Dieser hat uns nämlich schon lange von innen erfaßt. Am Beispiel von Anqueteil du Perron hat Jung aufgezeigt, wie die Seele ihre eigenen Verfinsterungen wieder aufhellt, und offensichtlich kümmert es sie dabei wenig, wenn das aufhellende Licht aus dem Osten kommt. Es ist darum kaum sinnvoll, vom theologischen oder psychologischen Katheder aus hygienische Distanz zum Osten zu predigen. Es geht nicht um die Ablehnung östlicher Weisheit, sondern um unsere inneren Voraussetzungen, um diese überhaupt verstehen zu können. Zuerst müssen wir die Verbindung zu unserer eigenen unbewußten Psyche herstellen. Erst dann sind wir in der Lage zu beurteilen, was aus dem Schatzhaus östlicher Spiritualität für den einzelnen «das Beste» ist. Bloße Ablehnung würde weder von unserer Seele noch von jenen Millionen ernstgenommen, die bereits auf östlichen Pfaden wandeln.

Obschon Jung vor Nachahmung des Ostens warnte, war er keinesfalls ängstlich. Er vertraute dem natürlichen Unterscheidungsvermögen der Seele, zu wissen, was ihr frommt oder schadet, und ihrer Kraft, den einzelnen dahin zu führen, wohin er schicksalsmäßig gehört, wenn auch auf verschlungenen Pfaden. Er meinte darum:

> China glaubt wohl nicht, daß es durch europäische Wissenschaft und Technik zugrunde gehe. Warum sollten wir glauben, daß der geheime geistige Einfluß des Ostens uns zerstören solle?[26]

Auch Jean Gebser vertritt die Auffassung, daß sich der Westen einer echten Begegnung mit dem Osten nicht entziehen dürfe. «Sri Aurobindo», schrieb er,

> hatte sich europäische Wesensart angeeignet, ohne deshalb seine indische zu verraten. Wenn die ‹große Begegnung›, die sich noch vor dem Ende dieses Jahrhunderts ergeben könnte und müßte, Wirklichkeit werden soll, dann wäre es dienlich, daß wenigstens einige Europäer und einige Amerikaner asiatische Wesensart assimilierten, das heißt, vom Wesensgrund her verständen und erfaßten, ohne deshalb die westliche preiszugeben.[27]

Eine «Assimilation asiatischer Wesensart» meint nun sicher nicht bloß deren intellektuelles Erfassen und Durchdringen, sondern auch deren Erfahrung als Wirkung in der eigenen Seele. Um solche Erfahrung geht es mir im folgenden.

2. Mein Weg zum Siddha-Yoga

Psychologisch besitzt man nichts, was man nicht selbst wirklich erfahren hat.

C. G. Jung[28]

Ich war zweiundzwanzig Jahre alt, als mich ein Lungenleiden zwang, für fast zwei Jahre in Höhenkliniken der Schweizerberge Heilung zu suchen. Die Stationen waren Davos – der Schauplatz von Thomas Manns *Zauberberg* – und Arosa. Dies war eine Zeit erzwungener Introversion, die zu zwei für mein Leben entscheidenden Begegnungen führte: zur Anthroposophie Rudolf Steiners und kurz darauf zur Analytischen Psychologie C. G. Jungs. Obschon meine Krankheit eine zeitlang eine nicht unbedenkliche Wende nahm, bleiben mir diese Jahre im Rückblick in buchstäblichem Sinne als eine «wunderbare» Zeit in Erinnerung.

Die Therapie bestand damals vor allem in «Liegekuren». Eingewickelt in warme Wolldecken lagen die Patienten auf breiten und bequemen Liegestühlen aus Peddigrohr auf dem Balkon ihres Zimmers, vor sich die herrlich grünen Tannenwälder und der tiefblaue Himmel der Berge Graubündens. Höhepunkt war immer die «Visite» des Chefarztes, der man jeweils hoffend oder bangend entgegensah. Da während der Liegekur Schweigen obligatorisch war, las man, träumte vor sich hin oder schlief.

Eines Tages, als ich im Halbschlummer dalag, wurde ich plötzlich durch ein Rauschen, das von einem starken Windstoß herzurühren schien, hellwach. Ich blickte auf, sah aber nicht wie gewohnt die vertrauten Wälder, sondern ein riesiges Feuer, eine ungeheure Flamme, zusammengesetzt aus tausend kleineren Flammen, die aus der Erde hervorzulodern schienen und den ganzen Himmel verdeckten. So schnell, wie dieses Feuer erschienen war, so schnell verschwand es auch wieder, und vor mir lächelte wieder das beruhigende Bild der Bündnerlandschaft.

Einige Monate später lag ich wieder einmal träumend in meinem Liegestuhl, als ich erneut dieses «Brausen» vernahm, aber diesmal wesentlich stärker! Als ich bei vollem Bewußtsein die Augen zu öffnen versuchte, sah ich nichts als eine riesengroße Sonne, ein das ganze Universum ausfüllendes, blendend weißes Licht, das in rhythmischen Schwingungen aus kosmischblauen und sternenerfüllten Tiefen in mich hineinzustürzen schien.

Ich war mir durchaus bewußt, daß es sich hier um besondere Erlebnisse handelte, nämlich um Einbrüche aus dem Unbewußten, die man auch als Visionen zu bezeichnen pflegt. Ich spürte instinktiv, daß der Inhalt dieser Erfahrungen von überpersönlichem Charakter war, der die Grenzen dessen, was man als Ich bezeichnet, offensichtlich sprengte. Ich war ziemlich ratlos, denn ich wußte nicht, warum gerade mir diese Erfahrungen zustießen, und ebensowenig, auf was sie abzielten. Was ich von der Anthroposophie über innere Erfahrungen wußte, erlaubte mir keine befriedigende Erklärung bezüglich ihrer persönlichen Bedeutung. Da fiel mir ein Buch von C. G. Jung in die Hände, in welchem ich eine Mandalavision abgebildet fand, die beinahe meiner Lichtvision entsprach, und augenblicklich wußte ich: ich muß Jung schreiben! Nach Wochen gespannter Erwartung kam dann die ersehnte Antwort aus Küsnacht.

Jung bestätigte mir, daß meine Visionen tatsächlich das Mandala beträfen, wie es ähnlich auch in der Gottesvision des Bruder Klaus gewesen sei. Der Grund meiner Erfahrung liege darin, daß in mir offensichtlich ein traditioneller religiöser Wert verlorengegangen sei. In solchen Momenten pflege das Unbewußte Kompensationen hervorzubringen, damit der Faden der seelischen Entwicklung nicht abreiße. Jung empfahl mir, diesen Wink zu beachten, und riet mir, mich u. a. auch mit den Werken christlicher Mystiker wie Jakob Böhme zu befassen. Viele Jahre später stieß ich dann auf folgendes Zitat aus Jakob Böhmes *Christosophia:*

> Denn gleich wie aus jedem Feuer ein Licht scheinet und im Licht die Kraft des Verstandes erkannt wird, also ist dem Feuerodem Gottes der Licht-Odem angehangen und dem Menschenbilde eingeblasen worden.

Kurz nach der Antwort Jungs hatte ich eines Nachts den folgenden Traum:

> Ich war im Begriff, mein heimatliches Städtchen zu verlassen, um durch ein gebirgiges Tal eine Wanderung über einen Paß anzutreten. Ich stand vor einer alten Steinbrücke. Rechts von mir, im verwitterten Gemäuer eines Klosters eingelassen, bemerkte ich ein Aquarium, in welchem eine große Zahl der verschiedenartigsten Fische herumschwammen. Der Boden war bedeckt mit farbenprächtigen Seesternen, Muscheln und Meeresschnecken, und dann sagte eine Stimme laut und deutlich zu mir: «Dies wird für viele Jahre deine einzige Nahrung sein!»

Ich begriff, daß dieser Traum die Ratschläge Jungs nochmals unterstrich und daß ich ihnen folgen mußte, wenn ich überleben wollte. Meine Gesundheit besserte sich darauf erstaunlich rasch, und bald danach konnte ich die Bergwelt Graubündens, in der ich Heilung gesucht und gefunden hatte, wieder verlassen. Ich fuhr fort, mich intensiv mit dem Werk C. G. Jungs zu beschäftigen, und begann auch, mich den Weisheitsschätzen des Ostens zuzuwenden. Zu den ersten Werken zählten *Das Geheimnis der goldenen Blüte* und *Das tibetanische Totenbuch,* auf die mich Jung besonders hingewiesen hatte. Gleichzeitig spürte ich aber auch, daß dieser innere Aufbruch keinesfalls eine Flucht aus dieser Welt nach sich ziehen durfte. Ich war mir bewußt, daß ich zuerst «dem Kaiser zu geben hatte, was des Kaisers ist», d. h., daß ich mein Leben auf eine solide äußere Grundlage stellen mußte, ohne aber dabei den «Wink des Unbewußten», wie Jung sich ausdrückte, zu vergessen. Die folgenden zwei Jahrzehnte waren darum ausgefüllt mit der Bewältigung der Aufgaben und Pflichten, in die mich das Leben hineinstellte: Familie, Beruf, Karriere ... Aber immer dann, wenn ich vor besonderen Problemen stand, wandte ich mich der Sprache der Seele zu, den Träumen, um aus ihnen Kraft und Erkenntnis zu schöpfen.

So führte ich anscheinend ein im großen und ganzen ausgeglichenes, zufriedenstellendes und sinnvolles Leben, als mir Ende der siebziger Jahre eines Tages deutlich bewußt wurde, daß etwas in mir nochmals zu einer Wende, ja einem Umbruch drängte. Instinktiv spürte ich auch, daß mir dazu nicht mehr viel Zeit blieb. Es war mir aber keineswegs klar, wohin dieses Drängen zielte. Ich wurde noch ratloser, als meine Träume auch die berufliche Tätigkeit in Frage zu stellen schienen. Da stellte sich eines Nachts der folgende Traum ein:

> Ich befand mich in der Mitte eines kleinen Platzes in der Berner Altstadt. Es war tiefe Nacht, und nur das milde Licht eines unsichtbaren Mondes hellte da und dort Straßen und Hauswände etwas auf. Niemand war zu sehen, die Stadt schien wie ausgestorben. Irgend etwas zog mich dann von diesem Platze weg, immer tiefer in die Altstadt hinein. Dann merkte ich plötzlich, daß ich mich zielbewußt auf die Brunngasse zu bewegte.

Mit der Brunngasse verband ich sofort den Namen des amerikanischen schwarzen Schriftstellers Vincent O. Carter, der nach Abschluß seiner Studien in den USA Anfang der fünfziger Jahre «zufällig» nach Bern kam und dort bis zu seinem Tode im Frühjahr 1983 lebte. Er wohnte in der Brunngasse in einer uralten, kleinen Dachzimmerwohnung, in der er schrieb, malte und – mit Freunden und Bekannten auch regelmäßig meditierte. Ich lernte ihn kennen, als ich eines seiner rätselhaften und faszinierenden Frauenbildnisse erwarb, und bald verband uns eine Freundschaft, die sich mit den Jahren immer mehr vertiefte.

Es war mir augenblicklich klar, was der Traum meinte: Meditation! Es vergingen immerhin ein paar Monate, bis ich eines Tages, einem spontanen Einfall nachgebend, bei ihm anklopfte, um zu meditieren. Noch heute erinnere ich mich des Eindrucks, als ich mich zusammen mit vier oder fünf andern Leuten mit gekreuzten Beinen auf den Boden setzte, genau dem Bild eines indischen Gurus gegenüber: Swami Muktananda. Noch heute empfinde ich die vibrierende Stille des kleinen und spartanisch einfach eingerichteten

Raumes, die mich sofort wie eine weiche Hülle von Kraft umgab. Nach ein paar einführenden Worten Vincents über die Technik und den Sinn der hier geübten Meditation und dem kurzen Gesang eines Mantras – *om namah shivaia,* ich verbeuge mich vor meinem inneren Selbst – begannen wir mit der Meditation.

Ich mußte wohl leicht eingenickt sein, als ich plötzlich wieder hellwach wurde. Ich spürte, wie ein sanft schwingender Kraftstrom sich vom unteren Ende meiner Wirbelsäule her das Rückgrat heraufbewegte, und zugleich wurde mir bewußt, daß sich auch mein Körper ganz leicht in Schwingung befand. Aber nicht ich war es, der da wie eine Palme im Fächeln eines Windes vor- und zurückschwang, *es* schwang in mir. Ich bemerkte auch, daß nicht mehr ich es war, der atmete, irgend *etwas* hatte meinen Atem übernommen und atmete mich. Gleichzeitig hatte ich ein Gefühl von Leichtigkeit und Freiheit, und der chaotisch flutende Gedankenstrom, der mich vor dem Einnicken belästigte, war nicht mehr da. Doch dann hörte ich die Stimme Vincents: «Habt ihr gut geschlafen?», und die Meditation war beendet. Sie hatte eine runde Stunde gedauert.

Ich war mir sofort bewußt, daß ich ein Erlebnis besonderer Art gehabt hatte. Offensichtlich existierte in mir eine Kraft, von der ich bisher aus eigener Erfahrung nichts wußte. Es war eine Kraft, die nicht nur eine Art von Glücksgefühl, innerer Helle und Freiheit hervorrufen konnte, sie war auch in der Lage, meinen Körper zu erfassen und ihn ohne mein bewußtes Dazutun in Schwingung zu versetzen. Später sagte mir Vincent, ich hätte *shakti* erlebt.

Ich meditierte nun regelmäßig weiter, lernte, was *shakti* und *prana,* bzw. *pranayama* ist und begann mich für den philosophisch-religiösen Hintergrund der hier gepflegten Meditationsart, für Siddha-Yoga und Kashmirischen Shaivismus zu interessieren. In diese Zeit fiel auch die Aufgabe meiner bisherigen beruflichen Tätigkeit und die Aufnahme des Studiums am C. G. Jung-Institut. Dort stieß ich eines Tages auf die Diplom-Arbeit eines katholischen Theologen – Armin Wanner –, deren Thema der Individuationsweg eines indischen Yogi war: von Swami Muktananda. Von diesem Augenblick an war mein Interesse für diesen indischen Heilsweg endgültig geweckt.

Eines Tages, es war im Frühjahr 1980, sagte mir Vincent, er und

Abb. 2

Vincent O. Carter

(Foto von Liselotte Haas)

ein paar Freunde beabsichtigten, Swami Muktananda in Amerika zu besuchen. Ob ich Lust hätte mitzukommen? Swami Muktananda befand sich zu dieser Zeit in einem Ashram ungefähr 100 Kilometer nördlich von New York, inmitten der Wälder der Catskill-Mountains. Ich sagte zu, und so kam es, daß ich mich im Sommer jenes Jahres während einiger Wochen bei diesem indischen Guru aufhielt.

Gleich am ersten Abend meiner Ankunft war Darshan. Eine große Zahl von Leuten bewegte sich in einer Doppelreihe – links die Frauen und rechts die Männer – auf Swami Muktananda zu, legten eine Frucht oder eine Blume in einen Korb und erhielten dann einen «touch», eine Berührung mit einem Wedel aus Pfauenschwanzfedern. Ich reihte mich nach einer Weile ebenfalls ein. Als ein eingefleischter Jungianer nahm ich mir vor, alles, was da vorging, aufmerksam aufzunehmen, um es dann später im Lichte der Jungschen Psychologie näher zu betrachten.

Als Neuankömmling wurde ich Swami Muktananda kurz vorgestellt. Seine warmen, großen, dunklen und beinahe schwarzen Augen waren von intensiver Ausstrahlung. Ich spürte fast körperlich, wie sein Blick sich mir zuwandte, mich erfaßte und in mich eindrang. Was mir nun entgegenströmte, vermag ich nicht besser als mit «Wärme» und «Liebe» auszudrücken. Für einen kurzen Augenblick war mir, als wüßte dieser Mann alles von mir. Dann geschah etwas – wie man mir später versicherte – Ungewöhnliches. Swami Muktananda streckte mir seine Hände entgegen. Ich gab ihm meine Hand, und dann war ich entlassen. Unter starker innerer Bewegung kehrte ich an meinen Platz zurück. Während der ganzen nun folgenden Meditation spürte ich äußerst stark jene schwingende, das Rückgrat hinaufsteigende Kraft, die den ganzen Körper ausfüllt und ihn zum Mitschwingen drängt.

Am folgenden Tag begann mein Ashramleben. Es schien unter dem klösterlichen Motto *ora et labora* zu stehen.

Ein Ashram-Tag beginnt morgens um vier Uhr mit einer ersten Meditation. Dieser schließt sich ein Frühgesang an, die Guru-Gita, ein hymnischer Gesang, der sich bis zur Wende des ersten Jahrtausends unserer Zeitrechnung zurückverfolgen läßt. Nach dem Morgenessen folgt die Zeit des Studiums, Siddha-Yoga, Vedanta und Kashmirischer Shaivismus. Die Kurse finden jeden Tag statt und werden von hervorragend geschulten Dozenten in äußerst konzentrierter Form vorlesungsartig dargeboten. In kleinen Gruppen wird dann das Gehörte individuell be- und verarbeitet. In der Mitte des Vormittags beginnt schließlich die einem jeden zugeteilte Arbeit für den Ashram, das sog. Seva, die bis zum Mittagessen dauert.

Nach einer Ruhepause beginnt um drei Uhr wieder die Ashramarbeit und anschließend die Schulung in Hatha-Yoga. Um fünf Uhr folgt dann der abendliche Arati-Gesang, welcher das eine halbe Stunde später beginnende Abendprogramm mit Swami Muktananda einleitet. Es teilt sich ein in Gesänge, Ansprachen, Darshan und abschließende Meditation. Nach dem Abendessen noch einmal ein Gesang, die Shiva-Mahimna, und schließlich geht es zur Ruhe in den Schlafsälen, deren einzige Möblierung aus Pritschen mit Matratzen und Schlafsäcken besteht. Um 22.00 Uhr ist Lichterlöschen.

Die Arbeit für den Ashram ist notwendig, weil dieser auf dem Prinzip der Selbstversorgung gründet. Jede Arbeit, vom Putzen der Toiletten bis zum Kochen und von Gartenarbeiten bis zum Unterhalt der Gebäude und technischen Anlagen, wird von den Schülern besorgt. Je nach Kursbelastung sind das im Durchschnitt vier Stunden täglich. Ich werde der Küche, den Gemüsen und Gewürzen zugeteilt. Es wird intensiv und diszipliniert gearbeitet. Sprechen ist verpönt.

Aus psychologischer Sicht ist die harte und praktische Arbeit äußerst zweckmäßig, denn mindestens zwei Mal täglich während ein paar Stunden werden so die Ashramiten von ihren meditativen Höhenflügen in die rauhe Wirklichkeit zurückgeholt.

Das Programm des Ashrams ist so angelegt, daß jedermann von morgens früh bis abends spät vollständig in den Rhythmus des Ashramlebens integriert wird. Man spürt, daß hier hart erzogen, das Ego in Zucht genommen werden soll. Juristen putzen Toiletten, und «einfache Leute» haben die Aufsicht und beanstanden konsequent und im Befehlston jede Kleinigkeit, die von der gesetzten Norm abweicht. Die Persona wird so massiven Belastungsproben ausgesetzt, was meistens nicht ohne Krisen vor sich geht. Aggressionen werden geweckt, und der dunkle Bruder, der Schatten, winkt von weitem. Die Schüler werden aber darauf vorbereitet und wissen, daß der Weg nur über die Begegnung mit dem Schatten führt.

Die Wirkung dieser erzwungenen Introversion läßt bei vielen nicht lange auf sich warten. Die Erfahrungen in der Meditation vertiefen und intensivieren sich, sind aber äußerst individuell. Einige beklagen sich allerdings, nichts oder nur Negatives, Abwehr oder Aggressionen zu spüren. Bei den meisten stellt sich aber doch recht bald ein Gefühl des Ergriffenseins ein, das sich im Verlauf des Aufenthalts verdichtet und in der Folge zu den verschiedensten persönlichen Erfahrungen und Reaktionen führt, wobei für den Neuling am spektakulärsten wohl die sogenannten *kryas*, d. h. die spontanen physischen Bewegungen und die akustischen Reaktionen sind.

Ich nahm mir nochmals vor, mich offen, aber gleichzeitig möglichst kritisch-reflektierend den Erfahrungen, die sich einstellen mochten, zu überlassen, ein Vorsatz, den einzuhalten nicht immer einfach war, wie es sich später noch erweisen sollte. Ich bemerkte zuerst eine Intensivierung meiner bisherigen meditativen Erfahrungen. Nach der Konzentration auf den Atem setzte jeweils rasch die typische schwingende innere Bewegung ein, die nach und nach anschwillt und den ganzen Körper erfaßt. Diese körperlichen Reaktionen waren immer begleitet von einer ganzen Skala von Gefühlen, von tiefster Stille und Frieden bis zu heftigen Emotionen oder gar Aggressionsgefühlen.

Was ich in diesen paar Wochen erlebte, ist in Worten schwer zu erfassen. Immer wieder wurde ich von massiven Zweifeln erfaßt: was mache ich hier eigentlich? Erliege ich nicht einer Illusion? Befinde ich mich nicht inmitten einer gewaltigen Inflation, und bin ich nicht im Begriff, mich auf dem raschesten Wege selbst zu entwurzeln? Dann wieder hatte ich das bestimmte Gefühl, in einem Expreß-Zug zu sitzen und schnellstens auf ein vorbestimmtes Ziel zuzufahren. Ich spürte, wie man hier mit ausgefeiltester Intensivtechnik in einen Prozeß hineingeführt wird, der in seiner Zielsetzung an das Opus der Alchemisten oder das Mysterium Coniunctionis Jungs erinnert. Immer wieder wurde mir bewußt, wie sehr ich «ergriffen» war. In dieser Ergriffenheit wußte ich: ich bin der alchemistische Ofen. Die Kohle, ein latentes psychisches Energiepotential, wird angezündet durch *shakti-pat*. Das Feuer ist die schwingende Kraft in mir, das *prana*. Meine Meditation ist die Bebrütung *tapas*, Hitze, die mich umschmilzt, und die Wandlungssubstanz, die

Methode und die Kraft, das alles ist *kundalini*. Es war vor allem das Bild des Umgeschmolzenwerdens, das immer wieder vor mir stand.

Eines Nachts träumte ich von einem schwarzen Yogi. Er saß in einem leeren Raum im Lotussitz, in tiefste Meditation versunken, der ganze Körper vibrierend vor *kryas*.

Die Tage flossen so rasch und gleichmäßig dahin, unterbrochen durch zwei große Ereignisse: ein *Saptah* und – am Ende meines Aufenthalts – das *shaktipat,* die Kraftübertragung durch Swami Muktananda, die Essenz des Siddha-Yoga. Wörtlich bedeutet *saptah* «sieben Tage», d. h., der ununterbrochene Gesang des Namens Gottes während sieben Tagen. Im Ashram wurde – allerdings nur während sechsunddreißig Stunden – ununterbrochen das Mantra *hare Rama, hare Krishna* gesungen. Der Beginn des Gesangs war getragen, feierlich, eher leise, steigerte sich dann langsam in Tonstärke und Tempo bis zu einem «Tempo furioso», um dann wieder unvermittelt zurückzufallen in den anfänglichen ruhigen und feierlichen Rhythmus. Eine solche Sequenz dauerte jeweils ungefähr eine halbe Stunde. Begleitet wurde der Gesang von vielen Trommeln und indischen Saiteninstrumenten.

Die Wirkung dieses Dauergesangs war erstaunlich. Mit zunehmender Dauer und Stärke des Gesangs erlebten viele der Sänger körperliche und emotionale *kryas,* und einige gerieten in geradezu ekstatische Zustände. Musik und Gesang wirkten ganz offensichtlich auf tiefste Schichten der Psyche. Auf seiner Indienreise wohnte Jung einmal einem einstündigen Trommelkonzert in einem Tempel bei und war von dessen Wirkung tief beeindruckt. Er schrieb:

> Jene Musik, die nicht das Denken des weißen Mannes im Kopf anspricht, richtet sich an eine noch tiefere Schicht als die Sprache des Herzens der amerikanischen Indianer. Sie spricht in der Ursprache des Plexus solaris, aus den tiefsten Schichten der menschlichen Seele: der Schicht der Urahnen und der darunterliegenden Schichten.[29]

Mit dem Dauergesang wird vor allem die Reinigung des Geistes und des Körpers angestrebt, d. h. Abbau von Blockierungen und Spannungen. Eigentliches Ziel ist aber die Vorbereitung auf die direkte Gotteserfahrung.

Mein Aufenthalt im Ashram wurde schließlich durch ein zweitägiges «Intensiv» abgeschlossen. Im Siddha-Yoga ist ein Intensiv ein Erlebnis von höchstrangiger Bedeutung. Hier wird die schlafende innere Energie erweckt, welche schließlich die Erfahrung des Selbst ermöglicht. Das Intensiv bestand aus Meditation, Gesängen, Vorträgen und der Möglichkeit, viele Stunden in Gesellschaft von Swami Muktananda zu verbringen. In Vorträgen führte er in die spirituelle Philosophie und Praxis des Siddha-Yoga ein. Der eigentliche Höhepunkt des Intensivs war aber die Erweckung der *kundalini,* der schlafenden kosmischen Energie im Zentrum des menschlichen Körpers, durch persönliche Kraftübertragung durch den Guru: das *shaktipat.*

Die Handlung wurde durch einen Vortrag Muktanandas eingeleitet. Während etwa einer Stunde sprach er in Hindi – laufend übersetzt – über das Selbst. Immer wieder flocht er singend Zitate aus den heiligen Schriften ein, vor allem aus den Veden, den Upanishaden und der Guru-Gita. Dabei wirkte er spontan, wie hingerissen und voller Freude. Unwillkürlich dachte ich an den Sonnengesang des Heiligen Franz von Assisi. In der folgenden Meditation übertrug dann der Guru seine eigene Shaktienergie direkt auf die Schüler. Nach der Tradition des Siddha-Yoga ist dies die wahre Einweihung, d. h. jene innere Erweckung, durch die der Schüler eine überbewußte Schau des Absoluten erlangen und mit der Zeit seine Einheit mit Gott erfahren kann.

Die in diesem Ashram erteilte Art der Einweihung war die *sparsah diksha,* d. h. durch Berührung, für welche im wesentlichen drei Punkte in Frage kommen: der erste ist das Ajna-Chakra zwischen den Augenbrauen, der zweite das Herz und der dritte das Muladhara-Chakra an der Wurzel des Rückgrats. Über die Unterschiede der verschiedenen Berührungspunkte wird später zu berichten sein.

Nach der Berührung setzten bei einem Teil der Schüler Reaktionen von schlechthin unvorstellbarem Ausmaß ein: *kryas* von gewaltiger Stärke, Bhastika-Atem, Schreien, Lachen, Stöhnen, Tierstimmen, Mudras, Spontantanz, Glossolalien usw., und dies über eine Stunde lang.

Jene Schüler, denen *shaktipat* erteilt wurde, saßen zusammen in einem besonders abgegrenzten Teil des ganz in blau gehaltenen, aulaartigen und stark abgedunkelten Raumes. Ich selbst befand mich in leichter Versenkung und nahm nur wie von weit her das zeitweilige Aufbranden der Reaktionen der Schüler wahr, wenn Swami Muktananda sie berührte. Immer mehr schienen Zeit und Raum sich irgendwie zu verdünnen oder aufzulösen. Ich bemerkte erst, daß Swami Muktananda vor mir war, als ich einen leichten Schlag mit dem Pfauenschwanzwedel auf den Kopf erhielt. Dann drückte er mir fest den Daumen zwischen die Augenbrauen, während seine Hand schwer auf meinem Scheitel ruhte. Schließlich strich er mir noch über die geschlossenen Augen und ging dann weiter.

Der Zustand, in dem ich mich während der Kraftübertragung befand, ist schwer zu beschreiben. Am nächsten kommt ihm wohl der englische Ausdruck des «black out», eine totale Leere, ein Vakuum, das mein Denken vollständig auslöschte. Es war, als ob die Welt für einen Augenblick stillstände. Doch unmittelbar darauf erfaßte mich dann eine heftige Erschütterung, eine Emotion, die mir die Tränen in die Augen trieb und die anhielt, bis die feierliche Handlung zu Ende war. Was dann folgte, war ein Zustand von tiefster Entspannung, Frieden und Wunschlosigkeit. Für den Augenblick schien alles Gegensätzliche in mir aufgehoben.

Ich war mir bewußt, daß diese zwei Tage in mir ein tiefes «Engramm» hinterlassen würden. Zwei Tage später flog ich dann wieder in die Schweiz zurück.

Etwa ein Jahr später erhielt ich eine Einladung zur Teilnahme am Kongreß der ITA[30] in Bombay. Unter den Referenten befanden sich führende Vertreter von Religion und Wissenschaft aus Ost und West, unter ihnen der Dalai Lama und Swami Muktananda. Konferenzthema[31] und Referentenliste waren verlockend. Dennoch war ich unschlüssig, ob ich teilnehmen sollte, bis schließlich ein Traum den Ausschlag gab.

> Ich befand mich allein in der alten barocken Jesuitenkirche meines Geburtsorts, ganz vorne in der linken Bankreihe der «Frauenseite» kniend. Ich blickte gebannt zum linken Seitenaltar hin, der ganz im Dunkeln lag. Ich wußte, daß dort – anstelle

des Seitenaltars – Swami Muktananda im Lotussitz saß und intensiv zu mir herüberblickte. Zwischen uns beiden wogte ein intensiver Kraftstrom hin und her. Ich bemerkte, daß Muktananda – anders als in Wirklichkeit – fast schwarzhäutig war und gekraustes Haar hatte. In der Nische des Seitenaltars wurde es allmählich heller, und mit zunehmendem Licht verwandelte sich auch Muktananda. Seine Haut wurde ebenfalls heller und heller, bis sie schließlich weißstrahlend war, und auch sein Haar wurde glatt und weich. Besonders auffallend war aber die Verwandlung seines Körpers, der zunehmend weiblich-weiche Formen mit Brüsten annahm.

Ich wußte nun, daß meine Begegnung mit der indischen Spiritualität in den Mauern meiner inneren christlichen Kirche ihren bestimmten Platz hat und beschloß darum, am Kongreß in Bombay teilzunehmen. Vor Beginn des Kongresses machte ich eine einmonatige Rundreise, die mich von Delhi aus in den Süden Indiens bis nach Mysore und von dort zurück nach Bombay führte. Der Kongreß in Bombay bot eine Fülle von Anregungen, litt aber nach meinem Empfinden darunter, daß zuviel Mittelmäßiges sich breitmachte, das anzuhören wohl nicht schadete, aber auch nicht viel einbrachte. Dagegen freute es mich, daß der Einfluß Jungs auf viele der Kongreßthemen ausgesprochen fühlbar war und daß auch einige Vertreter der Analytischen Psychologie zu den Vortragenden gehörten. Auf meiner Reise stellte ich immer wieder fest, daß Jung für den Inder der bedeutendste Vertreter westlicher Psychologie ist, dessen Lehre seiner spirituellen Einstellung weitaus am nächsten kommt. Ein Inder hat einmal gesagt, Jung habe dem Westen den Jnana-Yoga gebracht. Diese Auffassung ist weiter nicht erstaunlich, meinte Jung doch selbst, daß vom indischen Standpunkt aus betrachtet unsere Psychologie wie ein dialektischer Yoga erscheinen müsse.[32]

Einer der Höhepunkte des Kongresses war ohne Zweifel die Ansprache Swami Muktanandas, in der er auf die für uns brennende Frage der Berührungspunkte von Mystik und Wissenschaft bzw. von östlicher Spiritualität und westlicher Wissenschaft einging. Die Kongreßteilnehmer wurden von ihm eingeladen, für ein paar Tage als Gäste in seinem Ashram zu weilen.

Als Abschluß meiner Indienreise hatte ich ohnehin einen mehrwöchigen Aufenthalt in diesem Ashram, der sich etwa 100 Kilometer östlich von Bombay in einer bergigen Dschungellandschaft befindet, eingeplant.

Am späten Nachmittag eines bereits recht heißen Februartages kam ich in Ganeshpuri an, dem Sitz des Ashrams und des geistigen Zentrums des Siddha-Yoga. Noch vor wenigen Jahrzehnten bestand der Ashram aus wenigen ärmlichen Hütten inmitten einer dschungelartigen Landschaft. Heute besteht er aus einem beeindruckenden Komplex von hellen, zum Teil in fröhlichen Farben verputzten und vorwiegend in indischem Stil gehaltenen Bauten. Sie dienen zur Meditation und Schulung, Unterkunft, medizinischen Vorsorge und Pflege für Insassen und umliegende Dörfer (ein Spital war gerade im Bau) und für den Betrieb der ashrameigenen Landwirtschaft. Ich hatte das Glück, das Zimmer mit drei jungen amerikanischen Studenten aus dem Organisationsstab des Ashrams teilen zu dürfen, statt einem der heißen und überfüllten Schlafsäle zugeteilt zu werden. Es war Wochenende und hoher Festtag, weshalb von weither Tausende von Indern in den Ashram strömten. Viele übernachteten im weitläufigen Park oder auf den Flachdächern der Gebäude.

Tagesablauf, Ordnung, Disziplin, Ashramarbeit usw. unterschieden sich kaum vom Betrieb des Ashrams in den Catskill-Mountains in Amerika. Wer längere Zeit im Ashram blieb, hatte sich der klösterlichen Zucht und Ordnung zu fügen. Anders empfand ich aber die Atmosphäre. Hier war ich in einem indischen Ashram unter Indern. Ich spürte, wie es an diesem Ort vibrierte vor «Mana» oder *shakti,* wie die Inder sagen. Die Zeit floß hier anders, war von anderer Qualität, und bald fühlte ich mich weit entrückt von der Hektik unserer westlichen Gesellschaft. Weder Radio noch Fernsehen, noch Zeitungen störten den Rhythmus des Lebens.

Ein Unterschied zum Ashram in Amerika fiel mir besonders auf. In letzterem kam es immer wieder zu wilden körperlichen und psychischen Ausbrüchen. Ich konnte beobachten, wie bei Schülern plötzlich die Arme explosionsartig nach vorne geschleudert wurden oder der Kopf heftig zu rotieren begann. Oder manchmal wurde der Körper von einer Kraft erfaßt und gerade aufgerichtet, wurde steif, um dann wie nach einer Entladung sich wieder zu entspannen. Es konnte geschehen, daß die Muskeln im Bereich des Solarplexus alternativ kontrahierten und wieder entspannten, so daß der Atem stakkatoartig und pfeifend – ähnlich dem Anfahrgeräusch einer Dampflokomotive – der Lunge entwich. Gelegentlich schien sich der Atem so weit zu verlangsamen und zu verdünnen, daß er kaum noch wahrnehmbar war. Im Gegensatz zu diesen «amerikanischen» Ausbrüchen blieb es hier auffallend ruhig. Nur selten sah ich bei einem Inder *kryas*, und wenn, dann nur in subtilster Form. Ich schloß daraus, daß körperliche und seelische Verspannungen und Blockierungen (Komplexe) beim westlichen Menschen in wesentlich stärkerem Ausmaß vorhanden sein müssen als beim Inder. Dies ist verständlich, kann doch der Inder in der persönlichen Erfahrung seiner Psyche auf eine jahrtausendealte, ungebrochene Tradition zurückblicken, während wir im Westen erst seit kurzem wieder begonnen haben, mit dem Werkzeug der Tiefenpsychologie den verschütteten Zugang zur eigenen Seele freizugraben.

Eines Abends zog ich mich in den Nytyananda-Meditationsraum (so benannt nach dem Guru und Vorgänger Muktanandas) zurück, um zu meditieren. Es ist dies ein kleiner, dunkler, unterirdischer Raum, für den ich eine besondere Vorliebe hatte. Ich setzte mich und merkte, wie ich ungewöhnlich rasch in einen meditativen Zustand und dann – wie ich annehme – in eine Art Tiefschlaf versank. Irgendwann dämmerte dann, wie von weither, wieder etwas wie ein schwaches Bewußtsein auf. Ich kann nicht eigentlich sagen, es sei in mir aufgedämmert, denn ich existierte nicht mehr, ich war nur noch ein Punkt in einer unendlichen, zeitlosen Leere. Irgendwann wurde ich gewahr, daß diese Leere nicht ein Nichts war, sondern ein Kraftfeld von unbeschreiblicher Dichte, dessen Zentrum ich war und das mich festhielt. Ich empfand dabei weder Seligkeit noch Angst, denn es war nichts da, was hätte empfunden werden können. Doch dann wurde ich mir langsam der Dualität von mir als empirischer Person und diesem Zustand bewußt, und allmählich begann sich etwas wie Angst auszubreiten, ich würde nie mehr aus diesem Zustand herauskommen. Dann sah ich mich plötzlich wieder im dunkeln Meditationsraum unter einem Dutzend anderer, still in Meditation versunkener Ashramiten sitzen.

Ich weiß bis heute noch nicht, wo ich diese Erfahrung einordnen soll, denke aber oft daran, was Jung in seinen *Erinnerungen* über sein Samadhi-Erlebnis geschrieben hat:

> Man scheut sich vor dem Ausdruck ‹ewig›, aber ich kann das Erleben nur als Seligkeit eines nichtzeitlichen Zustandes umschreiben, in welchem Gegenwart, Vergangenheit und Zukunft eins sind. ... Wie kann ich mir vorstellen, daß ich gleichzeitig wie vorgestern, heute und übermorgen bin? Dann hätte etwas noch nicht begonnen, etwas anderes wäre klarste Gegenwart, und wieder etwas wäre schon beendet – und doch wäre alles eines[33].

Wenn ich an dieses Erlebnis zurückdenke, so ist es vor allem der Eindruck der Zeitlosigkeit, der sich in mir eingeprägt hat. Im Gegensatz zu Jungs Erlebnis muß ich aber gestehen: «selig» war ich dabei nicht.

In angenehmer Erinnerung sind mir die abendlichen Gespräche mit meinen drei Zimmergenossen geblieben. Sie erzählten mir von den Jahren im engsten Umkreis von Swami Muktananda, von ihrer Arbeit als Spezialisten für Organisation und Logistik, für die Reisen des Gurus und auch von ihren Erlebnissen auf dem spirituellen Weg. So sprachen wir einmal über das Phänomen des gelegentlich in der Meditation erscheinenden «Funkens», eines winzigen, aber intensiv strahlenden Lichtpunkts, ähnlich einem kleinen, äußerst hellen Stern. Ich beklagte mich über mangelnde Stabilität dieses Funkens, der zudem nie im Zentrum, sondern immer oben, unten oder seitwärts des inneren Gesichtsfeldes erscheine und dessen Strahlung selten mehr als Sekundenbruchteile dauere. Meine Freunde hatten hier ähnliche Erfahrungen gemacht, so daß einer von ihnen einmal darüber mit Swami Muktananda sprach. Dieser sagte ihm, Stabilität und Dauerhaftigkeit des Funkens hingen vom Grad der persönlichen Konzentrationsfähigkeit ab. Diese sei ein Ergebnis des *sadhana,* das jeder zu gehen habe. Der andauernde «eine Punkt» sei schwer zu erreichen.

Eines Tages erzählte mir einer dieser jungen Menschen von einer Erfahrung, die ihm bereits vor längerem zugestoßen war und von der er nur mit offensichtlicher Ergriffenheit berichten konnte. Nach einem Darshan bei Swami Muktananda fing er wie üblich mit seiner

Meditation an. Plötzlich habe es in seinem Kopf eine «Explosion» gegeben. In einer gewaltigen und unbeschreiblichen Abfolge von Visionen habe er dann Geburt, Entfaltung und Zerstörung unserer Welt und des Kosmos erlebt.

Immer wieder traf ich Menschen, die von außerordentlichen Erlebnissen bei ihrer Begegnung mit Swami Muktananda berichteten. Noni Patel, ein amerikanischer Pilot, der nach einer Begegnung mit Swami Muktananda sein ständiger Begleiter wurde, erzählte von folgendem Erlebnis: «Irgendwann im November 1968 hatte ich eine merkwürdig verdichtete und kraftvolle Meditation in der Tempelhalle des Ashrams. Zunächst begann es mit dem heulenden Ton eines Flugzeugs. Der Ton mündete fast in Pfeifen, während ich gleichzeitig mit geschlossenen Augen ein blendendes inneres Licht von zunehmender Helligkeit wahrnahm. Die blendende Helligkeit erreichte einen fast unerträglichen Grad. In diesem Augenblick betrat Gurudev (Muktananda) den Raum und begann, mit einem Wedel aus Straußenfedern auf meinen Kopf zu schlagen. Die Folge war eine unglaubliche Freude, und ich brach in ein Gelächter aus, das eine Zeitlang anhielt; dabei rollte ich lachend auf dem Boden, voll himmlischer Freude.»

Ein besonders eindrückliches Erlebnis im Ashram war immer der Darshan, der jeweils am späteren Morgen und Abend stattfand und ungefähr eine Stunde dauerte. Darshan – wörtlich «schauen» – meint in der indischen Tradition auch das Aufsuchen eines Heiligen, um dessen Segen zu empfangen. In langen Reihen zogen die Bewohner des Ashrams, aber auch die Menschen aus den umliegenden Dörfern – Bauern, Frauen, Kinder – still am Swami Muktananda vorüber, um eine Berührung mit dem Wedel aus Pfauenschwanzfedern als äußeres Zeichen seines Segens zu erhalten. Ich pflegte etwas im Hintergrund zu sitzen, um dieses immer neu faszinierende Geschehen ungestört auf mich einwirken zu lassen. Wer ein persönliches Anliegen vorbringen wollte, mußte dies kurz vor dem Segen einem Swami bekanntgeben, der es dann Muktananda auf Hindi übersetzte. Die Antwort war meistens knapp, und gelegentlich konnte sie auch ganz ausbleiben. Von weit hergereiste «wichtige Leute» wurden offensichtlich übersehen und kehrten verunsichert auf ihren Platz zurück.

Dann aber konnte es geschehen, daß die Darshan-Reihe stockte, weil Swami Muktananda sich unendlich lange mit einer einfachen Bauersfrau über ihre häuslichen Sorgen unterhielt, um sie dann schließlich voller Liebe und Mitgefühl in seine Arme zu schließen. Manch einer, dessen erste Erfahrung mit dem Meister anscheinend dessen Teilnahmslosigkeit oder kühle Distanz war, mochte dann etwas wie Neid oder Trauer in seinem Herzen verspüren.

Schließlich begann ich zu begreifen: das alles ist ein Spiel, ein Spiel des Guru, das letztlich darauf abzielt, das größte Hindernis auf dem Weg nach innen, das Ego, zu verunsichern und zu erschüttern und so den Weg zu selbständiger Erfahrung zu öffnen. Aus der Schau des Herzens heraus, einem intuitiven Erfassen der psychischen und geistigen Situation des Schülers, gibt er jedem das an Erfahrung, was er im Moment braucht, gleichgültig, ob das betreffende Ego dies als positiv oder negativ empfindet. Swami Muktanandas Liebe galt allen gleichermaßen, denen, die er in seine Arme schloß, wie auch jenen, die er brüskierte oder gar beschimpfte.

Zu dieser Zeit machte ich eine weitere überraschende Erfahrung. Seit Jahren litt ich an einem fortgeschrittenen Lenden- und Halswirbelsyndrom. Weder Ärzte noch Chiropraktiker konnten helfen, und ein operativer Eingriff schien nicht ratsam. Da fiel mir eines Tages auf, daß ich immer während des Kreisens oder Schwingens jener subtilen Energie, des *prana,* schmerzfrei war. Ich begann nun, diese Energie zielbewußt durch mein Rückgrat zum Kopf hinauf zu lenken. Sobald sie sich «verdichtete» und zu vibrieren begann, spürte ich in der Gegend der Halswirbel ein sanftes Knirschen und Knacken, wie wenn diese von unsichtbarer Hand massiert würden. Mit zunehmender Übung blieb ich zu meiner Freude über immer längere Zeiträume schmerzfrei, oder die Schmerzen sind dann derart gering, daß ich ohne die vom Arzt verordneten massiven Schmerzmittel leben kann.

Mit der Zeit änderte sich die Natur meiner spirituellen Erfahrungen. Die sogenannten *kryas* wurden immer seltener, und wenn sie auftraten, dann nur noch – wie bei Indern – in subtiler Art. Immer kräftiger wurde dagegen das *pranayama,* dieser psychisch-physische Kraftstrom, der sich in immer neuen Variationen manifestierte. Ich lernte ihn bis zu einem gewissen Grade zu beeinflussen und zu lenken. Manchmal – und das geschieht bis heute – wurde das Kreisen dieses Kraftstroms so stark, daß ich meinte, die Haare auf meinem Kopfe sträubten sich. Körperteile wurden heiß oder kalt, und oft hatte ich während Stunden das deutliche Empfinden, in meinem Scheitel stecke so etwas wie eine glühende Nadel. Gelegentlich, meistens nachts, durchflutete der Kraftstrom als Vibration jede Zelle meiner Haut, oft stundenlang. Dabei war ich aber immer bei vollständig klarem Bewußtsein und in jedem Augenblick in der Lage, den Prozeß zu unterbrechen.

Auf eine Erfahrung sei noch besonders hingewiesen: das Erlebnis einer Art von sexueller Erregung im Muladhara-Chakra während des Kreisens des *pranayama*. Schon auf einer frühen Stufe der Atemübungen kann sich von diesem Chakra aus ein den ganzen Körper erfassendes Wonnegefühl ausbreiten. «Es strömt wie Honig in allen Adern», versuchte es mir einmal jemand zu erklären. Daß dieses Strömen zu gewaltiger Stärke anwachsen kann, bezeugt Swami Muktananda in seinem Lebensbericht. Er erzählt, wie er in Meditation saß und eine rote Aura aufstieg. Plötzlich füllte sich sein Gemüt mit sinnlicher Begierde, so sehr, daß er ihr kaum Widerstand leisten konnte. Immer intensiver wurde die Qual des Geschlechtstriebs. Vergeblich versuchte er, durch vernünftige Überlegungen darüber hinwegzukommen, denn immer wieder stand in einer Vision die Gestalt einer nackten Frau von betörender Schönheit vor ihm. «Öffnete ich die Augen», schrieb er, «sah ich sie vor mir. Schloß ich sie wieder, sah ich sie innerlich. Mein Lendentuch riß. Die Spitze des Organs preßte sich hart in die Nabelgrube. Was trieb mich so gewaltsam? Dabei war ich bei klarem Bewußtsein. Dann endete die Meditation»[34]. Ich bin sicher, daß Swami Muktanandas offenes Bekenntnis schon manchem Suchenden Trost und Beruhigung brachte.

Irina Tweedie, eine heute 81jährige, in London lebende Jungsche Psychologin und Sufilehrerin, beschreibt eine ähnliche Erfahrung: «Ich spürte zur großen Überraschung im untern Teil meines Leibes ein Vibrieren, einen Ton. ... Ohne jegliche Vorwarnung überflutete mich dann auf einmal ein mächtiges sexuelles Verlangen, unkontrollierbar und von einer wilden, kosmischen Kraft. ... Ich versuchte, in mich hineinzuhorchen, hineinzufühlen, von woher das

Vibrieren kam, wo es seinen Ausgang nahm. Und dann wußte ich es! Es war unten am Ende der Wirbelsäule, gleich über dem After. Ich konnte es deutlich ausmachen. Es mußte das *Muladhara-Chakra* (Energiezentrum an der Wurzel der Wirbelsäule) sein. Mich überlief es eiskalt vor Entsetzen».[35]

Auch in dem, was C. G. Jung als Individuationsprozeß bezeichnet, sind vergleichbare Erfahrungen nicht unbekannt. Er weist darauf hin, daß im Verlauf dieses Prozesses eine eigentümliche Unruhe in den unteren, mit der Sexualität verbundenen Zentren auftreten kann. Jung wies in diesem Zusammenhang auf den Kundaliniyoga hin, in dem diese Unruhe mit einem Summton beschrieben wird, ähnlich wie ein Schwarm erregter Bienen. Damit wird eine merkwürdige Erregung angedeutet, die alle Aufmerksamkeit auf sich zieht, so daß das Bewußtsein äußeren Eindrücken und Argumenten beinahe unzugänglich wird.

Das Ziel einer solchen Aktivität, betont Jung, ist allerdings nie das, was das Bewußtsein vermuten würde, also keine bevorstehende erotische Erfahrung. Im Gegenteil, es handelt sich um eine Intensivierung des Selbst, und in solchen Zeiten wird der Mensch autoerotisch, weil er alle Libido für die Entwicklung braucht.[36]

In diesem Zusammenhang möchte ich ausdrücklich darauf hinweisen, daß in der Praxis des Siddha-Yoga die häufig beobachteten, als *kryas* bezeichneten Phänomene keineswegs bei jedem Praktizierenden auftreten. Viele machen weder anfänglich noch später derartige Erfahrungen. Andere wissen nur weniges zu berichten, und wieder andere reagieren sofort und oft auf heftigste Weise in fast allen Reaktionsbereichen. Die Intensität der Reaktionen läßt aber nicht gleichzeitig auf die Qualität der inneren Entwicklung schließen, da der Prozeß während langer Zeit im Unbewußten verlaufen kann.

Vom ärztlichen Standpunkt aus gesehen liegt ein Teil der Erfahrungen in der Nähe einiger jener Symptome, die Eugen Bleuler in seinem «Lehrbuch der Psychiatrie» unter dem Kapitel Schizophrenie beschreibt.[37] Die Lehrer des Siddha-Yoga bestreiten dies keineswegs. Im Gegenteil, nach ihrer Auffassung sind viele der Erlebnisse Schizophrener in Wirklichkeit Kundalinierfahrungen, allerdings in einer Intensität, der die Ich-Stärke des Kranken nicht gewachsen ist.

Bei der Erfahrung der Kundalinienergie kommt es also entscheidend auf die richtige, d. h. dem Individuum entsprechende «Dosis» an. Ein Zuviel macht krank. Nach seiner Tätigkeit in der psychiatrischen Klinik Burghölzli in Zürich hat Jung begriffen, daß die Symbolik, in der sich das Unbewußte ausdrückt, beim Kranken und Gesunden fast die gleiche ist. Der große Unterschied liegt auch für ihn darin, daß beim Kranken das Bewußtsein völlig vom Unbewußten überschwemmt ist, während es sich beim Gesunden in seiner Position behauptet. Der Gesunde hat die Kraft, solche Erfahrungen im «hermetischen Gefäß», in seiner eigenen Seele, zu fassen und auszuhalten, um sie dann in einem langen und oft leidensvollen Wandlungsprozeß in sein bewußtes Leben einzufügen. Wenn dieses Gefäß dem Ansturm der fremdartigen und überpersönlichen Symbolflut aus dem Unbewußten nicht standhält, dann zerspringt es, das Bewußtsein wird zerstückelt, und dann spricht man von Schizophrenie. Jung wußte schon früh um die heil- und ganzmachenden Kräfte des Unbewußten, aber auch um ihre zerstörerische Macht, wenn der Zugang zu ihnen unbefugterweise geöffnet wird. Jung hat darum immer wieder vor leichtfertigem Spiel mit östlichen Yogapraktiken gewarnt.[38]

Vor diesem Hintergrund verstehen wir vielleicht besser, warum der Inder, wenn er das Tor des Unbewußten mittels des Yoga zu öffnen beginnt, der Rolle des Guru als Führer auf dem Weg vom Dunkel zum Licht[39] eine derart zentrale Rolle zuspricht. Er ist sich bewußt, daß er ohne die weise Führung eines Meisters den verschlingenden Fluten oder dem kosmischen Feuer des Unbewußten nicht standhalten könnte. Auch Don Juan, der Yaqui-Indianer, warnte Castaneda, er solle seinen spirituellen Weg sorgfältig wählen. Denn ist der Zugang zu den schlafenden Kräften des Unbewußten einmal geöffnet, hat man vielleicht einen Tiger am Schwanz gepackt. Der Osten weiß und respektiert dies. Wir aber experimentieren mit diesen Techniken oftmals so leichtfertig, als ob es sich um käufliche Artikel in einem Warenhaus handelte.

In unvergeßlicher Erinnerung bleiben mir die Abende in diesem indischen Ashram, die unbeschreiblich schönen Sonnenuntergänge und die nächtlichen Gesänge, uralte Lieder in Sanskrit, vor allem aus der Tradition des Kashmirischen Shaivismus. Wann immer diese

Weisen erklangen, schien es mir, es entströme ihnen ein in Worten kaum zu erfassendes Gefühl von Zeitlosigkeit und Frieden.

Dann kam für mich der Tag, an dem auch dieser Ashramaufenthalt seinem Ende entgegenging. Mitte März 1982 war ich wieder in der Schweiz. Ein paar Monate später, am 2. Oktober 1982, ging Shree Bhagavan Swami Muktananda Paramahansa in seinem 75. Altersjahr in den *mahasamadhi* ein, und vier Monate später starb auch mein Freund Vincent Carter.

Wenn ich auf diese vier Jahre, seit ich bei Vincent zu meditieren begann, zurückblicke, so wird mir deutlich, von welcher besonderen Qualität diese Zeit für mich gewesen ist: ich fing an zu meditieren, gab meine bisherige berufliche Tätigkeit auf, begann mein Studium am C. G. Jung-Institut, begegnete einem indischen Guru, Swami Muktananda, und machte Erfahrungen mit der Erweckung der Kundalini-Kraft. Der Tod dieser für mich so bedeutenden Männer gab mir den Anstoß, beim Erlebten zu verweilen und mich zu besinnen, welche Bedeutung diese Erfahrungen für mich als Mitglied einer Gesellschaft mit christlich geprägter Vergangenheit wohl haben mögen. Als Werkzeug und Kompaß für diese Besinnung diente mir die Analytische Psychologie C. G. Jungs. Zwischen dieser Psychologie und der Kundalinierfahrung bestehen engere Beziehungen, als gemeinhin angenommen wird: Jung wies einmal darauf hin, daß Anima bzw. Animus und Kundalini energetisch betrachtet letztlich das Gleiche bedeuten.[40]

Ich bin mir des subjektiven Charakters meiner Erlebnisse bewußt. Manchen mögen sie vielleicht, im Lichte einer reichen christlichen Tradition betrachtet, eher befremdend, wirr und armselig erscheinen. *Aber es sind eigene Erfahrungen und keine verbale Botschaft, die man bloß zu glauben hätte.* Dies bestätigt auch Jung:

> Das Zeitalter will die Seele selber erfahren. Es will Urerfahrung, daher es alle Voraussetzung ablehnt und sich zugleich aller Voraussetzungen als Mittel zum Zweck bedient, so der bekannten Religionen und der eigentlichen Wissenschaft.[41]

Unsere westliche Gesellschaft hat allerdings immer noch erhebliche Mühe damit, die Wirklichkeit und den Wert von Erfahrungen der *eigenen* Seele anzuerkennen.

Die hier beschriebenen spirituellen Erfahrungen habe ich in der Begegnung mit einem Yoga-System gemacht, dessen spezifische Botschaft bis vor kurzem im Westen kaum bekannt war. Es ist die Botschaft der *Siddhas*, der Wesen, die – ähnlich den tibetischen Boddhisattvas – sich im Irdischen schon ganz verwirklicht haben und es freiwillig auf sich nehmen, in einer neuen Verkörperung den Menschen wieder zum Sinn seines Lebens hinzuführen. Dies ist eine Botschaft, welcher das archetypische Bild von der Verlorenheit und der Heimkehr der menschlichen Seele zugrunde liegt. Diese besondere Botschaft hat ihr philosophisch-religiöses Gefäß vor allem in der Schule des Kashmirischen Shaivismus gefunden, einer lebensnahen und einfachen tantrischen Philosophie, die jedermann zugänglich ist, unabhängig von Stand, Glaube, Geschlecht usw. Einzige Voraussetzung ist der Wunsch nach vollständiger Befreiung und die Verehrung von Shiva als dem absoluten Gott.[42]

Swami Muktananda, seiner eigenen Aussage nach ein Siddha, hat versucht, diesen besonderen Yoga-Weg dem Westen zu öffnen. Ich verstehe es nun als meine Aufgabe, in den rohen Erfahrungsbrokken, die durch meine Begegnung mit diesem Yoga aus dem Bergwerk der unbewußten Psyche an das Tageslicht des Bewußtseins befördert wurden, das Allgemeingültige zu finden. Es geht hierbei nicht um mich persönlich, denn im Grunde genommen macht nicht der Mensch die in solchen Erfahrungen liegende Aussage, sondern der Archetyp bedient sich seiner Erfahrungen und drückt sich in ihnen aus.[43]

II.
Siddha-Yoga

1.
Swami Muktananda: Künder des Siddha-Yoga

Mein Weg ist der Siddha-Yogaweg. Aus dem Segen eines Siddha lebe ich. Sein Segen ist mein Leben, meine Nahrung, Bad, Meditation, Mantra, mein Lebensstrom.

Swami Muktananda[1]

Swami Muktananda war im klassischen Verständnis Indiens ein «Heiliger der Landstraße». Schon in früher Jugend verließ er sein Elternhaus und durchwanderte im Verlauf zweier Jahrzehnte mehrmals ganz Indien. Ohne akademische Ausbildung hat er – wie Ramakrishna – seine Lehre vorwiegend mündlich verkündet. Erst als sich sein Ruf auch im Westen zu verbreiten begann, hat er seine spirituellen Erfahrungen und seine Einführungen in die religiösen und geschichtlichen Grundlagen des Siddha-Yoga schriftlich niedergelegt. Er versuchte aber nicht, eine Synthese westlicher Religiosität und Wissenschaft und seiner Lehre herzustellen. Seine Verkündigung der Botschaft der Siddhas erfolgte vielmehr auf der reinen Grundlage der alten heiligen Schriften und der Siddha-Tradition.

Wie bei den meisten Wanderasketen Indiens sind gesicherte Daten seiner Biographie eher spärlich. Swami Prajnananda, Sanskritdozentin und langjährige Schülerin Muktanandas, hat erstmals versucht, eine Geschichte seines Lebens und seines Wirkens zu schreiben.[2] Wenn ich im folgenden den Lebensweg von Swami Muktananda aufzeichne, berufe ich mich im wesentlichen auf dieses Werk.

Geburtsort von Swami Muktananda ist ein kleines Dorf in der Nähe von Mangalore im südindischen Staat Karnataka. Seine Eltern waren wohlhabende Landbesitzer und bewohnten ein schönes und geräumiges Haus in idyllischer Lage am Natravifluß. Seit langem schon betete die Mutter zu Lord Manjunath Mahadev um das

Geschenk eines Sohnes, als eines Tages ein Sadhu, der um ihr Anliegen wußte, zu ihr auf Besuch kam. Er gab ihr das Mantra *om namah Shivaia* und wies sie an, dieses häufig zu rezitieren. Beim Abschied sagte er ihr, daß Gott sie bald mit einem Sohn segnen würde. Es war ein hoher Festtag, Vaishakta Purnima, als der Mutter am 16. Mai 1908 unter denkwürdigen Umständen ein Sohn geboren wurde. Sie war – so wird erzählt – gerade bei der üblichen morgendlichen Waschung unter einem Kokosnußbaum des weitläufigen Gartens, als ohne Vorankündigung die Geburt einsetzte und das Kind mit einer derart ungewöhnlichen Geschwindigkeit und Behendigkeit zur Welt kam, daß es in das Wasserbassin unter dem Baum fiel. Das Kind, Krishna benannt, wurde als Geschenk Gottes willkommen geheißen und mit Gold und Silber aufgewogen, das dann im Tempel Lord Manjunath in Dankbarkeit dargebracht wurde.

Krishnas Vater war ein gelehrter und tiefreligiöser Mann, der sich zum Shaivismus des Südens, zum Shaiva-Siddhanta bekannte. Die Originalität des Shaiva-Siddhanta besteht – neben seinen Dogmen – in der Überzeugung, daß die in Finsternis gehüllte Seele sich durch einen Eingriff Gottes emporheben kann – in einer Weise, daß der ganze Prozeß des Karma und der Maya wesentlich eine Wohltat ist.[3] Der spätere Weg Muktanandas zum verwandten Kashmirischen Shaivismus ist also schon im Elternhaus vorgeprägt worden. Jeden Abend pflegte der Vater die Mitglieder der Familie um sich zu versammeln, um ihnen Teile aus dem Ramayana und dem Mahabharata vorzulesen. An Feiertagen wurden Heilige und ihre Schüler eingeladen, um mit ihnen Gespräche über religiöse Fragen zu führen. So war es nicht verwunderlich, daß im empfindsamen Krishna schon früh der Wunsch zu keimen begann, ein Sadhu zu werden, obschon er damals noch nicht wußte, was das Wort eigentlich meinte. Die Zeit verging, und Krishna wuchs zu einem stattlichen, kräftigen und intelligenten Jüngling heran. Er war lebensfroh, einfallsreich, tüchtig und zu Späßen aufgelegt, liebte es aber, zu führen und nicht geführt zu werden. Er duldete kein Unrecht, und wo er solches sah, konnte er leicht aufbrausen. Äußerst intelligent, bekundete er trotzdem kein Interesse für eine akademische Ausbildung, ebensowenig für alles Theoretische oder Dogmatische. Was ihn interessierte, war die direkte Beobachtung und Erfahrung. Physisch und intellektuell

Abb. 3

Swami Muktananda
(Foto von Gauri Hubert. Mit freundlicher Genehmigung der S.Y.D.A. Foundation)

weit über sein Alter hinaus entwickelt, begann er bald, die Gesellschaft seiner Kameraden als Hindernis für seine wahren Interessen zu empfinden.

Der Wendepunkt im Leben des nun fünfzehnjährigen Krishna war ein Ereignis, das ihn Auge in Auge mit Bhagwan Nityananda, seinem späteren Guru, brachte. Ein Müllereibesitzer veranstaltete zu Ehren dieses berühmten wandernden Avadhut ein offenes Fest. Dort traf der Knabe Nityananda, der ihn umarmte, ihm freundlich über die Wangen strich und dann weiterging. Der Knabe fühlte, wie aus den Augen dieses Heiligen ein eigenartiger magnetischer Zauber ausstrahlte und in seine Seele drang. Nach dieser Begegnung, die im Knaben eine dauernde Wirkung hinterließ, wurde er immer ruheloser, und seine Abneigung gegen ein Studium nahm zu. Er war auf der Suche nach *Etwas,* aber er wußte noch nicht, was das war. Schließlich wurde ihm klar, daß er Familie und Heimatdorf verlassen mußte. So beschloß er sechs Monate nach der Begegnung mit Nityananda, ein Sadhu zu werden, und verließ ohne die geringsten Geldmittel Eltern und Heimatdorf.

Sein Weg führte ihn zuerst nach Mysore und von dort nach Hubli im Dharwar-Distrikt in den Ashram von Siddharuddha Swami, einem berühmten Siddha. Er lernte dort Sanskrit und studierte die Grundlagen von Vedanta und Yoga. Hier war es auch, wo er Sannyasa nahm und Swami Muktananda wurde. Er legte das formelle Gelübde ab, auf jegliche weltliche Bindungen und Verpflichtungen zu verzichten mit dem einzigen Ziel, sein Leben der Selbstverwirklichung zu widmen.

Alle Swamis gehören dem einen Mönchsorden an, den Shankaracharya vor vielen Jahrhunderten reformierte und der in Indien in hohem Ansehen steht. Wer diesem Orden beitreten will, muß die Weihe von einem andern Swami erhalten. Alle Mönche dieses Ordens können deshalb ihre geistige Herkunft auf einen gemeinsamen Guru – Sri Shankara – zurückführen. Der Swamiorden ähnelt in vielerlei Hinsicht den katholischen Mönchsorden. Er ist in zehn Unterabteilungen gegliedert, die alle einen besondern Beinamen tragen wie Giri (Berg), Sagar (Meer), Bharati (Land), Puri (Acker), Saraswati (Weisheit der Natur) usw.[4] Muktananda wurde Mitglied des Saraswatiordens. Der Mönchsname eines Swami endet gewöhnlich auf *ananda,* was Glückseligkeit bedeutet. Muktananda würde sinngemäß übersetzt «Glückseligkeit durch Erlösung» bedeuten.

1929 nach dem *mahasamadhi* von Siddharuddha Swami verließ Swami Muktananda Hubli und begann seine einsame Suchwanderung nach der höchsten Realität. Jahrelang wanderte er von Ort zu Ort, besuchte heilige Stätten, traf Heilige, Sadhus und Siddhas und verweilte in ihren Ashrams. So studierte er während einiger Zeit im Ashram von Swami Shivananda in Davangere Texte des Vedanta und im Ashram von Shaiva Adaryas in Varanasi Shaivismus. Als großer Verehrer der Poesie lernte er Verse aus den unsterblichen Werken der Poeten-Heiligen des Maharashtra auswendig, so von Jnaneshwar, Namdev, Eknath, Tukaram u. a. Es waren Verse, die er bis zu seinem Lebensende immer wieder mit großer Begeisterung spontan in seine Vorträge und Ansprachen einflocht.

Swami Muktananda wanderte meistens zu Fuß und lernte unterwegs, was immer sich gerade anbot. So lernte er alle 84 yogischen Asanas, eignete sich gründliche Kenntnisse des Ayur-Veda und der Heilpflanzen an und beherrschte die Feinheiten der indischen Kochkunst. Er erfuhr aber auch, was es heißt, Hunger zu leiden, und blieb auf seinen Wanderungen von schweren Krankheiten wie Malaria und chronischer Dysenterie nicht verschont. Trotz all der Mühsal und Prüfungen, denen er sich unterzog, blieb sein Geist ruhelos, so daß er mit der Zeit ganz Indien dreimal durchwanderte.

Bei seinen Wanderungen übte der Staat Maharashtra im Nordwesten Indiens eine besondere Faszination auf ihn aus. Er lernte hier die Marathisprache und nahm schließlich Yeola, einen Ort in der Nähe des heutigen Siddha-Zentrums Ganeshpuri, als Ausgangspunkt für seine Wanderungen. Nie blieb er lange am gleichen Ort, aber mit den Jahren wurde er doch in diesem Teil des Staates Maharashtra immer bekannter, und die Zahl seiner Verehrer wuchs.

Von den vielen Begegnungen mit indischen Heiligen waren für Swami Muktananda vor allem jene mit Zipruanna von Nasirabad und jene mit Harigiri-Baba von Vaijapur von größter Bedeutung. Es war Zipruanna, der ihm prophezeite, sein Ruhm werde die höchsten Himmel erreichen. Harigiri-Baba besänftigte seine Ängste, als sich wegen der großen Stärke der erwachten Kundalinikraft ungewöhnliche und gelegentlich erschreckende spirituelle Erfahrungen einzustellen begannen. In seinen Erinnerungen *Spiel des Bewußtseins* hat Muktananda diese Erfahrungen ausführlich beschrieben.[5] Beide Heiligen – Zipruanna und Harigiri-Baba – ermutigten Muktananda, sich in Ganeshpuri niederzulassen, indem sie ihm dort eine große Zukunft voraussagten. So wurde er wie von unsichtbarer Hand zielstrebig zu jenem Ort hingeführt, wo er seinem Schicksal in Gestalt seines Guru Bhagwan Nityananda wiederum begegnen sollte.

Für die Jahre 1930 bis 1947 sind den Quellen keine näheren Daten zu entnehmen. Es gilt aber als sicher, daß in dieser Zeit während vieler Jahre Yeola der Ausgangspunkt seiner Wanderungen war. Eines Tages beschloß Muktananda, sich zum Darshan bei Bhagwan Nityananda zu begeben. Von Yeola aus wanderte er zuerst nach Vajreshwari und von dort aus über die Felder nach Ganeshpuri. Er wurde von Nityananda, dem stets nur mit einem Lendenschurz bekleideten Heiligen, offensichtlich erwartet, denn dieser richtete – wie Muktananda sich erinnerte – seine strahlenden Augen auf ihn und sagte: «Du bist gekommen!» In diesem Augenblick tauchte in seiner Erinnerung wieder jene Begebenheit aus seiner Schulzeit auf, als Nityananda ihn umarmte und seine Wangen streichelte. Muktananda empfand die schweigende Gegenwart des Heiligen wie einen starken Damm, der die aufgewühlten Wasser eines Stromes mit Leichtigkeit zum guten Ziel hinleiten konnte. Doch der eigenwillige Geist Muktanandas trieb ihn wieder fort. Es war ihm nicht möglich, sein Ego jetzt schon zu opfern, und so kehrte er wieder nach Yeola zurück.

Mitte Juli 1947 weilte Muktananda für einige Monate in Vajreshwari, von wo aus er nun regelmäßig zu Nityanandas Darshan ging. In zunehmendem Maß wurde er auch im Dorf bekannt, und die Leute kamen zu ihm, um seinen Erzählungen über die Erfahrungen und Abenteuer seiner Wanderzeit zu lauschen und seinen frommen Liedern zuzuhören. Der Aufenthalt in Vajreshwari leitete einen neuen Abschnitt in seinem Leben ein, indem er nach und nach sein Ego seinem Guru Bhagwan Nityananda unterwarf.

Es war der 15. August 1947, als Muktananda von seinem Guru die Initiation, *shaktipat,* erhielt. Wie üblich war er beim Darshan, als Nityananda auf ihn zuging und ihn mit seinem Körper berührte. Dann fragte er ihn, ob er seine Sandalen tragen wolle. Muktananda nahm sie voll Ehrfurcht an, sagte aber, daß er sie nicht tragen, aber verehren werde. Die Sandalen des Gurus sind in Indien ein Symbol von höchster Kraft und Bedeutung und werden in vielen heiligen Schriften erwähnt und in Hymnen besungen:

> Eine sichere Fähre, den weiten Ozean der Zeitlichkeit zu überqueren, erwecken deine Sandalen zu echter Hingabe, wie die Strahlen der Sonne die Wasser des Zweifels austrocknen – vor jenen Sandalen des Guru verneige ich mich wieder und wieder. OM, Friede, Friede, Friede![6]

«Wie ich nun aus der Halle trat», schrieb Muktananda in seinen Erinnerungen, «begann ich, meinen Kopf wieder und wieder mit den heiligen Sandalen zu berühren. ... Ich floß einfach über vor lauter Glückseligkeit, Begeisterung und Freude. Immer wieder, mit neu sich erweiternden Empfindungen, kehrten meine Gedanken zu Gurudevs Sandalen zurück»[7]. Die nächsten Tage verbrachte er in seiner Hütte in Suki in einem tranceähnlichen, ekstatischen Zustand. Dann wanderte er wieder nach Yeola zurück, um sein Sadhana weiterzuführen und von dort aus zum Darshan von Nityananda zu gehen.

Mehr und mehr wurde er nun auch unter den Pilgern von Ganeshpuri bekannt. 1949 baute ihm Bhagwan Nityananda auf dem Platze des heutigen Ashram drei Räume. Die folgenden acht Jahre waren eine Zeit intensiven Sadhanas und stärkster yogischer Erfahrungen, die ihn oft zu Tode erschreckten und in verwirrtem Zustand zurückließen. Doch Bhagwan Nityananda beruhigte ihn: «Was immer dir zustößt, ist gut; erschrecke und beunruhige dich nicht!» – Mit fortschreitendem Sadhana schwanden die erschreckenden Visionen, und an ihre Stelle trat eine unerhörte Vielfalt von Licht- und andern Visionen. «Mehr und mehr», schrieb Muktananda, «trat an Stelle meines begrenzten Ich das Bewußtsein, ‹Ich bin Shiva› *(aham brahmasmi).*» In besonderen meditativen Zuständen erkannte er eines andern Selbst als sein eigenes und geriet dann in Verwirrung, weil er unfähig war zu entscheiden, welches der zwei Selbste sein eigenes war. Diese Erfahrung ist bekannt als *pratik-darshan*. Auch Jung beschreibt in seinen Erinnerungen ein ähnliches Erlebnis. Als Knabe saß Jung oft auf «seinem Stein» in Kleinhünigen und stellte sich dann die Frage: «Bin ich der, der auf dem Stein sitzt, oder bin ich der Stein, auf dem er sitzt?» Diese Frage verwirrte den Knaben, und er erhob sich dann jeweils mit Zweifeln an sich selber und darüber grübelnd, wer jetzt was sei.[8]

Shaktipat-diksha, die Einweihung durch seinen Guru, leitete die endgültige geistige Entfaltung Muktanandas ein. Diese Phase erstreckte sich über neun Jahre. In dieser Zeit machte er seine tiefgreifendste Wandlung durch, von der er in seiner spirituellen Autobiographie *Spiel des Bewußtseins*[9] freimütig berichtet.

Schließlich – es war im Jahre 1956 und neun Jahre nach der Initiation durch Bhagwan Nityananda – erreichte Muktananda die Erleuchtung, den Zustand der Selbstverwirklichung. Ende 1956 ließ er sich, dem Wunsche seines Meisters folgend, endgültig in Ganeshpuri nieder. Bald darauf ließ Bhagwan Nityananda um die Räume Muktanandas und das anstoßende Land eine Mauer bauen und legte so eigenhändig den Grundstein des heutigen Ashram. Von nun an nahm Muktananda einmal wöchentlich, gewöhnlich montags, an Nityanandas Darshan teil, und so verliefen die nächsten fünf Jahre der engsten Beziehung zwischen ihnen. Eines Tages rief ihn Nityananda an sein Ruhelager und streichelte ihm seinen Kopf als Segensgeste. Dann streckte er seine Hand in Muktanandas Mund und sagte: «Du wirst in weit entfernte Länder reisen, und die Welt wird dich ehren und dir Glauben schenken.» Zwei Tage später, am 8. August 1961, ging Bhagwan Nityananda in den *mahasamadhi* ein. Damit stand Muktananda – nun Muktananda Baba – in seinem Ashram an der Spitze der Siddha-Linie.

Bald nach dem Hinscheiden von Muktanandas Guru wurde der Gavdevi-Ashram in eine öffentliche Stiftung mit dem Namen Shree Gurudev Ashram umgewandelt. Während der ersten Jahre wuchs der Ashram nur langsam. Zu Beginn des Jahres 1969 wurde er wesentlich vergrößert, und von diesem Jahr an begann sich der Ruf Muktanandas immer mehr auszubreiten, weit über die Grenzen Indiens hinaus. Vor allem seine geistige Autobiographie, die er innerhalb von zweiundzwanzig Tagen schrieb, hatte sofort nach ihrer Publikation 1970 eine außerordentliche Wirkung. Immer mehr Menschen aus dem Ausland kamen, um ihn zu besuchen und für einige Zeit im Ashram zu leben. Schließlich beschloß er im Mai 1970, eine Weltreise zu unternehmen, um die Lehre der Siddhas zu verkünden. Es war eine kurze Reise. Muktananda verließ Indien im August und war im Dezember wieder zurück in Ganeshpuri. Er besuchte Europa, Amerika und Australien mit kurzen Aufenthalten in Singapur und Hawaii. In Amerika hörten ihn Tausende von Zuhörern in New York City, Los Angeles, San Francisco und Berkeley. In der Stanford University sprach er vor über tausend Studenten und Professoren, die ihm eine in der Geschichte dieser konservativen Universität noch nie erlebte Ovation darbrachten. Zwei Tage, bevor er Amerika wieder verließ, unterschrieb er einen Vertrag mit dem Verlag Harper und Row zur Publikation seines Buches *Chitshaktis-Vilas*. Es erschien unter dem Titel *Guru*. Nach seiner Rückkehr aus Amerika unternahm er ausgedehnte Reisen in ganz Indien zur Einrichtung und Festigung von Meditationszentren. Immer mehr geistige Führer, Künstler, Wissenschaftler und Philosophen kamen nun nach Ganeshpuri und waren Gäste Muktanandas.

1974 entschloß sich Muktananda zu einer zweiten Weltreise, die ihn nach Australien, Amerika, England, Deutschland, der Schweiz und Frankreich führte. Sein Ruf verbreitete sich rasch und brachte ihn immer wieder mit bedeutenden Persönlichkeiten des öffentlichen und geistigen Lebens zusammen. So wurde er mit der Baal-Shem-Tov-Auszeichnung in der «Little Synagogue» in New York geehrt und war Ehrengast beim nationalen Treffen der Indianer Amerikas in Oklahoma. Er sprach mit dem Autor Castaneda, dem tibetanischen Lehrer Chogyam Trungpa Rimpoche, dem Dichter Allen Ginsberg, dem deutschen Lehrer Lama Govinda und dem tibetanischen Guru Gyalva Karmappa, um nur einige zu nennen.

Im März 1976 begann sich das Ende dieser zweiten Weltreise abzuzeichnen. Die letzten sechs Monate verbrachte Swami Muktananda im De Ville Siddha Dham, dem Ashram in den Catskill-Mountains nördlich von New York. Es war eine Zeit vieler intensiver Begegnungen mit Vertretern von Wissenschaft, Kultur und Religion. Dann verließ er Amerika. Die sechswöchige Rückreise führte ihn nach England, Deutschland, der Schweiz und Frankreich. Während er in London weilte, drehte die BBC einen dreißigminütigen Dokumentarfilm über seinen Besuch, der dann über ganz England ausgestrahlt wurde, und das Oberhaupt der Church of England, Canon Schneider, kam, um ihn in seinem Land willkommen zu heißen. In der Schweiz weilte er während einer Woche in Bern. Ich wurde von Bekannten zu einem Darshan eingeladen, aber die Zeit für die Begegnung mit dieser Persönlichkeit war für mich offenbar noch nicht reif. Ich verzichtete darauf, Swami Muktananda zu treffen!

Im August 1978 entschloß sich Swami Muktananda zu einer dritten großen Reise nach Amerika, die bis in den Herbst 1981 dauerte. Seine wichtigsten Aufenthaltsorte waren Los Angeles, Oakland und vor allem South-Fallsburg, der Ashram in den Catskill-Mountains, wo ich im Sommer 1980 für einen Monat Gast war und Swami Muktananda zum ersten Mal begegnete. Nach dieser letzten großen Reise kehrte er nach Indien zurück im klaren Wissen, daß die Zeit für seinen Eingang in den *mahasamadhi* nicht mehr fern war. Am 8. Mai 1981, an seinem Geburtstag, bestimmte er in seinem heimatlichen Ashram in Ganeshpuri in einer großen Feier seine zwei Nachfolger: Swami Nityananda und Swami Chitvilasananda – Bruder und Schwester –, die seit ihrer frühesten Kindheit Weggefährten Swami Muktanandas waren.

In der Vollmondnacht vom 2. auf den 3. Oktober 1982, dem Jahrestag von Mahatma Gandhis Geburt und der Herabkunft Buddhas, wurden die Bewohner des Ashram in Ganeshpuri von den Klängen der *guru gita,* dem Lied des Heiligen Geistes geweckt, welche man über Lautsprecher überall hören konnte. Dann vernahmen sie die Nachricht, daß Swami Muktananda in den *mahasamadhi* eingegangen war. Die Nachricht verbreitete sich mit größter Geschwindigkeit über ganz Indien und die vielen Länder, in denen seine Botschaft bekannt geworden war, und bald begannen von überall her seine Verehrer herbeizuströmen.

In den nächsten 48 Stunden zogen Tausende in tiefster Trauer durch den Wohnraum Swami Muktanandas, in welchem sein Körper im Lotussitz aufgebahrt war. Dann begann der *abishek,* die Trauerzeremonien. Es waren die vom Swami Muktananda bestimmten Nachfolger, welche diese leiteten. Sie wurden genauestens nach den Weisungen der alten heiligen Schriften und Traditionen durchgeführt. Zuerst ließen sie Gangeswasser über Babas Haupt und Gesicht fließen. Dann gossen sie *panch amrit* – die fünf heiligen Substanzen der vedischen Tradition – Milch, Honig, geronnene Milch, Ghee und Zucker – über den Körper und wuschen ihn dann mit Wasser. Schließlich wurden Haupt und Schultern noch mit Sandelöl und andern Essenzen eingerieben, worauf der Körper getrocknet und mit einem neuen Langothi und einem Seidenschal bekleidet wurde. Im Lotussitz auf einem Stuhle sitzend wurde der blumenbedeckte Körper Swami Muktanandas auf offenem Wagen durch das Spalier einer unübersehbaren Menschenmenge zum Tempel seines Gurus Nityananda gefahren und vor dessen Samadhischrein zu einem letzten Darshan hingesetzt. Dann führte ihn seine Reise wieder zurück in den Dhyan Mandir, die große und offene Meditationshalle seines Ashrams, wo der Vorsteher des Swami-Ordens die letzten Abschiedsworte sprach. «Nach den heiligen Schriften», sagte er, «wird eine vollständig realisierte Seele zu Brahma. Unser lieber Pujnya Baba war nicht nur eine solche große Seele, er war auch eine wahre Inkarnation (Avatar) Gottes. Er war großherzig und die wahre Quelle, die wirkliche Verkörperung der Gnade. Die großen realisierten Seelen transzendieren nicht nur alle Relativitäten und Bindungen dieser Welt, sie sind auch dazu geboren, die Menschen aus den Fesseln und Unvollkommenheiten dieser Welt zu befreien.» Unter den Gesängen des Mantra *Guru Om, Guru Om* wurde dann der Körper Swami Muktanandas in Meditationshaltung, d. h. im Lotussitz, in eine vorbereitete Grube in der Mitte seines persönlichen Samadhiraums hinuntergelassen. Lage um Lage wurden Kampfer und Sandelholz um ihn herum aufgeschichtet. Die Grube wurde dann noch vollständig mit Salz ausgefüllt und schließlich mit Erde zugedeckt. 60 Stunden nach dem Eingang Swami Muktanandas in den *mahasamadhi* erklang dann das die Feier beendende *Sadgurunath Maharaj ki jaya*. Der Raum, in dem Baba so viele Jahre gelebt hatte, wurde nun zu seinem Samadhischrein.

Die Tradition, daß ein Siddha nicht wie sonst im Hinduismus üblich verbrannt, sondern in Meditationsstellung beerdigt wird, reicht weit in die Vergangenheit zurück. Eliade[10] weist auf ein im 14. Jh. in Hindi geschriebenes Werk hin, in welchem diese religiösen Gebräuche beschrieben sind, und auch Gonda[11] erwähnt diesen Brauch als in der Siddhatradition stehend. Mit diesem Beerdigungsritual soll zum Ausdruck kommen, daß ein *jivanmukti,* ein noch in diesem Leben Befreiter oder Erleuchteter, sich nicht mehr inkarnieren und nun immer im *samadhi* verbleiben wird.

Swami Muktananda hat diese Welt in seinem 75. Altersjahr verlassen. Es war ein in jeder Hinsicht außerordentliches Leben, sowohl was seine äußere als auch seine innere Biographie betrifft. Aus reichem Hause stammend, wären ihm alle Möglichkeiten für ein erfolgreiches weltliches Leben offen gewesen. Statt dessen wurde er ein «Renunciant», ein Asket, der fast ein Vierteljahrhundert lang Indien durchwanderte und dabei auf die Mildtätigkeit seiner Landsleute angewiesen war. Er war bereits achtundvierzig Jahre alt, als er nach unendlichen Bemühungen das ersehnte Ziel der großen Befreiung erreichte, und erst dann ließ er sich, dem Wunsch seines Guru folgend, fest in Ganeshpuri nieder. Auch hier war er bis zum Alter von 60 Jahren nur einer verhältnismäßig kleinen Gruppe von Verehrern bekannt. Dies änderte sich explosionsartig mit seiner ersten Weltreise im Jahre 1970. In der kurzen Zeitspanne von seinem ersten Besuch im Westen bis zu seinem Hinscheiden hat sich Siddha-Yoga mit außerordentlicher Schnelligkeit über den halben Erdball hin ausgebreitet, vor allem in Indien und den Vereinigten Staaten. Aus dem einen Zentrum in Ganeshpuri erwuchsen in Indien bis heute weit über hundert Siddha-Yoga-Ashrams und Meditationszentren. Außerhalb Indiens gibt es vor allem in den Vereinigten Staaten eine große Anzahl, dann auch in Kanada, Mittel- und Südamerika, in fast allen Staaten Europas, in Israel und Südafrika, und die Zahl dieser religiösen Zentren nimmt immer noch zu.

Es sind allerdings nicht diese «quantitativen» Erscheinungen, die dem Westen zu denken geben sollten. Gemessen an der Zahl der statistisch erfaßten Christen sind die Siddhaanhänger eine verschwindende Minderheit. Was uns nachdenklich machen sollte, ist die ungeheure geistige Kraft, die hinter der Botschaft Swami Muktanandas stehen muß. Anders ist der starke Eindruck, den seine Botschaft überall dort, wo er sie verkündete, hinterließ, doch wohl kaum zu erklären. Hier scheint mir jener Geist am Werke zu sein, der da weht, wo er will, und nicht dort, wo es die Theologen wollen.

Was Swami Muktananda im Westen verkündete, war so einfach wie eindringlich. «Ich gebe euch nichts», sagte er, «was ihr nicht schon besitzt. Ich mache euch nur das bewußt, was ihr immer schon hattet.» Deshalb gehört nach ihm Siddha-Yoga keiner Sekte, keinem Kult und keiner Richtung an. Siddha-Yoga ist jenseits religiöser Formen und bedeutet darum keine Konversion in eine andere Religion. Siddha-Yoga gehört allen. Er ist jene alte Weisheit, die von vollkommenen Wesen zu allen Zeiten und in allen Völkern vermittelt wurde. Swami Muktananda ging es bei seiner Botschaft um die *Erfahrung* dieser Weisheit. Der *Weg* zu dieser Erfahrung, zum wahren Glück, ist dem Menschen aber verlorengegangen. Er sagte einmal:

> Der Mensch sammelt so viele Dinge, um glücklich zu werden, aber er weiß nicht, was wahres Glück ist. Er will eines andern Seele heilen, weiß aber nicht, wie die eigene in Ordnung bringen. Er erfindet wunderbare neue Dinge, aber er weiß nicht, wie die Schätze in seinem Inneren entdecken. Er fliegt auf den Mond, aber den Weg in seine innere Welt kennt er nicht. Er kennt alles – außer sich selbst.

Nach Swami Muktananda ist es darum die erste Pflicht des Menschen, sich selbst kennenzulernen. Dann wird er alles andere in seinem wahren Wert erkennen und wahres Glück erfahren. Den Weg dazu will ihm die Botschaft der Siddhas weisen, deren Spuren bis in mythische Vergangenheit zurückführen.

2.
Von den Wurzeln des Siddha-Yoga*

Siddha-Yoga ist der spontane innere Prozeß, der mit der Erweckung der Kundalini durch den Guru beginnt.
Swami Muktananda

Nach der Tradition des Siddha-Yoga führt vom großen Gott Shiva eine ungebrochene Linie von Nachfolgern in den Verkörperungen von Heiligen und großen Sehern bis in die heutige Zeit. Für Muktananda ist Siddha-Yoga heute dasselbe, was er vor Tausenden von Jahren war. Er ist jenseits menschlicher Strebungen und jenseits von Gemüt und Imagination, weshalb seine Botschaft zeitlos und unberührt von allen geschichtlichen, kulturellen und religiösen Ausprägungen ist. In der Tat führen Spuren des Shivakultes bis ins dritte Jahrtausend vor unserer Zeitrechnung zurück. 1921 entdeckte Sir John Marshall im Pandschab eine alte und hochentwickelte Kultur – die Stadtkulturen von Mohenjo Daro und Harappa –, deren Höhepunkt zwischen 2500 und 1500 v. Chr. angenommen wird und die somit älter war als alle bisher den Historikern bekannten Kulturen. Hier finden wir den Kult der Großen Göttin sowie den eines Gottes, der als Prototyp Shivas betrachtet werden kann, also Elemente, die sich später im Hinduismus wiederfinden. Die Bestätigung dieser Annahme sieht man in einem Siegelamulett aus Mohenjo Daro, auf welchem in ritueller Haltung ein dreigesichtiger (?), mit mächtigen Hörnern geschmückter Gott von Tieren umgeben abgebildet ist. Man darf dieses Amulett als die früheste plastische Darstellung eines Yogins betrachten, der den Großen Gott selbst, nämlich Shiva, in der bezeichnenden yogischen Stellung verkörpert.[1]

Nach Eliade ist die Tragweite dieser Entdeckung enorm. «Zwischen der frühgeschichtlichen Induskultur und dem modernen Hinduismus», schreibt er, «gibt es kein Abreißen der Kontinuität; Große Göttin und Zeugungsgott (Shiva), Vegetationskult (der für den Hinduismus so typische Pipal-Baum) und Phallismus, der heilige Mensch, der in Asanastellung womöglich die Ekagrata vollzieht – das alles findet sich beide Male im Vordergrund.» Der Einfall der Indogermanen machte dann der Induskultur ein schnelles Ende. Ihre Zerstörung war jedoch keine endgültige. Sie blieb einerseits in ländlichen Gebieten und volkstümlichen Formen lebendig, anderseits floß sie durch die «Arisierung» des Pandschab schon früh in jene große Synthesebewegung ein, die später zum Hinduismus wurde und in welcher die Harappa-Elemente wie Shivakult, Kult der Großen Göttin und Yoga zu zentraler Bedeutung gelangten.

Trotz der neuen Erkenntnisse, welche der Entdeckung von Mohenjo Daro und Harappa folgten, kann die Entwicklung des Shaivismus immer noch nicht genau dargestellt werden.[2] Doch unabhängig davon, ob Shiva aus der Induskultur stammt, tritt dieser Gott unter dem Namen Rudra bereits im Rig-veda auf. Er ist hier der «Heulende», der von Blitze schleudernden Sturmgottheiten begleitet ist, und er ist auch der Herr über Krankheiten und Heilkräuter. Als Pashupa ist er auch Herr über das Vieh. In den späteren Vedantatexten werden seine Eigenschaften erweitert. Rudra hat einen blauen Hals und eine rote Hautfarbe und herrscht über Räuber, Ausgestoßene, Heilkräuter und das Vieh. Dieser bereits in den Veden vorgezeichnete ambivalente und oft furchterregende Charakter im Bild des Shiva hat sich bis in die Gegenwart erhalten.

Uns westlichen Menschen fällt es in der Regel schwer, diesen ambivalenten Gott zu verstehen, da wir im Prinzip des Bösen meistens etwas völlig Negatives sehen.

Im Shivakult ist jedoch das negative Prinzip nicht notwendigerweise böse. Für den Inder ist Shiva einfach nur Gott, der die Schlacke beseitigt. Dies geschieht aber nur dann, wenn etwas abgestorben und zu Schlacke geworden ist. Sie muß beseitigt werden, um etwas Kommendem Platz zu machen. Shivas Tun gleicht Brahmas Einatmung, die stattfinden muß, damit er die Welt wieder ausatme. Gäbe es Shiva nicht, der den Weg für das nächste Ereignis frei macht, wären wir alle auf ewig Standphotos aus dem Kino des Lebens, meint Spiegelberg.[3] Es ist augenfällig, daß sich die shaivitische Lebensphilosophie mit Jungs Verständnis der Ambivalenz archetypischer Inhalte vergleichen läßt, für die unsere moralisch wertenden Kategorien nur relative Gültigkeit haben.

Während die Spuren des großen Gottes Shiva bis ins dritte Jahrtausend v. Chr. zurückführen, besitzen wir von shaivitischen Gemeinschaften erst seit etwa dem 2. Jh. v. Chr. historisch gesicherte Kenntnisse. Einflußreiche Gurus und berühmte Asketen, d. h. Siddhas, die sich bewußt waren, Glieder einer Kette zu sein, trugen Beträchtliches zur Ausbreitung des Glaubens und zur Differenzierung der Ansichten und Praktiken bei. Dies ergibt sich aus gelegentlichen inschriftlichen und literarischen Zeugnissen. Oftmals konnte die Zahl der Anhänger aber auch durch Fürstengunst vermehrt werden. So bildete der Guptafürst Kumaragupta (415–455 n. Chr.) auf seinen Münzen einen Pfau – Skandas Reittier – ab und gab seinem Sohn den Namen Skanda, nach einer Gestalt, die dem Shivakult zugehörig ist. Daraus darf man schließen, daß der Fürst diesem Kult zugeneigt war. Unter derselben Dynastie wurden viele shaivitische Tempel gebaut und wichtige shaivitische Werke wie die Vayu- und die Matsya-Puranas verfaßt. Aber auch im dravidischen Süden ist der Shivakult bereits vor dem 7. Jh., wahrscheinlich schon einige Jahrhunderte früher, bekannt. Nach langen und wechselvollen Auseinandersetzungen mit dem Buddhismus und dem Jainismus erlangte der Shaivismus schließlich in mehreren bedeutenden Regionen Indiens – wenigstens bis ins 12. Jahrhundert – eine starke Stellung und erfreute sich der Gunst vieler Fürsten und Dynastien.

Im Gegensatz zum Vishnuismus machte der Shaivismus von Anfang an einen einheitlichen Eindruck. Auch Sondertraditionen wie die Pashupatas (2.–1. Jh. v. Chr.) u. a. sind sich in den wesentlichen Punkten ihrer Lehre äußerst ähnlich. Der Shaivismus hat sich dann vor allem im ersten Jahrtausend unserer Zeitrechnung zu verschiedenen hochdifferenzierten, ihrem innersten Wesen nach aber doch einheitlichen philosophisch-religiösen Systemen entwickelt, in deren Spannungsfeld auch das Wirken vieler Siddhas und der Siddha-Yoga zu stellen ist. Bis ungefähr zum 12. Jh. lassen sich im Shaivismus sechs große Gruppen oder Entwicklungen feststellen:

der Allgemeine oder Puranische Shaivismus, der Shaiva Siddhanta des Südens, die Virashaivas oder Lingayatas, die Pashupatas und verwandte Strömungen, der Kashmirische Shaivismus und schließlich die Bewegung der Natha-Yogins, der auch Siddha-Yoga zuzurechnen ist.

Die Bewegung der Natha-Yogins geht nach Gonda auf sehr alte, vorhinduistische und vorbuddhistische Anschauungen und Praktiken zurück und hat im indischen Mittelalter in weiten Teilen des indischen Subkontinents – Nepal und Tibet inbegriffen – einen großen Einfluß ausgeübt.[4] Bei dieser Bewegung handelt es sich im wesentlichen um einen asketischen Yogakult mit verschiedenen mündlichen Traditionen, vielen Gesängen und erzählenden Gedichten in den Volkssprachen und Yogatexten. Den Namen hat die Bewegung vom Titel «Natha» (Schutzherr), der seinen Glaubenshelden beigelegt wurde. Nach Eliade[5] scheint die Bewegung, welche durch die historischen Personen ausgelöst wurde, die später als Goraknath, Matsendryanath und andere berühmte Siddhas zu mythischen Gestalten wurden, eine neue Grundwelle der indischen Spiritualität darzustellen, die bis in die indischen Urschichten hinabreicht. Eine beträchtliche Anzahl von Yogins führen sich auf Goraknath zurück, über dessen geschichtliche Persönlichkeit man allerdings wenig weiß. Sein Leben ist wahrscheinlich zwischen dem 9. und 12. Jh. anzusetzen. Er verwirklichte eine neue Synthese zwischen bestimmten shaivitischen Traditionen (Pashupata), dem Tantrismus und den Lehren der Siddhas, der vollkommenen Yogi. Nach der historisch ungesicherten Tradition hat es 84 Siddhas und 9 Nathas gegeben, wobei man sich über deren Namen und Taten nicht einig ist. Den Namen *siddha* erhielt jeder Yogin, der die «Vollkommenheit» erreichte. Die Verbindung dieses Namens mit «wunderbare Kraft» *(siddhi)* zeigt schon, daß es sich in erster Linie um eine magische Vollendung handelt. Die Hathayoga-Pradipika (I, 5–9) enthält ein Verzeichnis von Mahasiddha, das mit Adi-Natha (mystischer Name Shivas) beginnt und u. a. Matsendryanath, Goraksa, Kapala und Carpati aufzählt. Es bestehen noch andere Verzeichnisse, aber nur selten stimmen die Namenverzeichnisse der Siddhas überein.[6] In *Understanding Siddha-Yoga* zählt Swami Muktananda einige Namen der Siddha-Linie auf. Auch diese beginnt mit dem großen Gott Shiva als Begründer der Linie, führt dann über große Seher wie Vyasa (Autor der Puranas), Shesha, Shukadeva, Yajnavalkya (einer der Autoren der Upanishaden) zu Königen wie Prithu, Ambarish und Bharata bis in die Gegenwart zu Sai Baba von Shirdi, Zipruanna von Nasirabad und seinem Guru Bhagwan Nityananda.[7] Keiner dieser Namen stimmt mit den von Eliade und Gonda erwähnten Siddhas überein. In seiner spirituellen Biographie *Spiel des Bewußtseins* bezieht sich Muktananda allerdings auf Goraknath, Nanak und Kabir als Gurus der Siddhalinie.[8] Goraknath ist aber einer der großen Gurus der Ursprünge der Siddhabewegung, so daß Siddha-Yoga ohne Zweifel jener Siddhatradition zugerechnet werden darf, auf die auch Gonda und Eliade Bezug nehmen.

Seit etwa 500 n. Chr. treten sowohl im Hinduismus als auch im Buddhismus zwei Strömungen hervor, die meistens eng miteinander verbunden sind und darum oft auch identifiziert werden: Der Tantrismus und der Shaktismus. Beide haben das religiöse Leben Indiens bis auf den heutigen Tag nachhaltig beeinflußt, so auch den Shaivismus und den Siddha-Yoga. Philosophisch nimmt der Tantrismus unter den indischen Religionen zwar keine Sonderstellung ein. Die meisten seiner Elemente wie die Initiation durch den Guru, die Mitteilung eines Mantras, die Rituale und Gebete und die Meditation finden sich in fast allen indischen religiösen Gruppen und Systemen. Der Ausdruck *tantra*, der mit «System» oder «Lehrbuch eines Systems» wiedergegeben werden kann, wird im allgemeinen Sinne für eine regelmäßige, systematische Folge von Riten und Zeremonien, besonders aber für diejenigen Heiligen Schriften der Inder verwendet, die nicht dem Veda (im weitesten Sinne) angehören und besonders autoritative Lehren und Riten verkünden. Es gibt viele Tantras, so der Vishnuiten, der Shaiviten und zahlreicher anderer Richtungen. Jede kanonische Abhandlung der Shaiviten oder der Vishnuiten kann als Tantratext bezeichnet werden, im Unterschied zu den *shastras* (Lehrbüchern) der brahmanischen Religion.

Von den Tantras wird angenommen, daß sie die heiligen Schriften des vierten Weltalters sind, wie die Veden, die Upanishaden und die Puranas es für die vorhergehenden Perioden waren. Sie beanspruchen für sich *shruti* (durch Rishis mündlich überlieferte ewige Wahrheit) und *agama* (heilige Tradition) und bezeichnen sich einerseits als Ast des Veda und anderseits als Gipfelpunkt von Samkhya und Vedanta.[9] Obschon sie sich mit zahlreichen religiösen und weltanschaulichen Problemen wie Kosmologie und Metaphysik befassen, schenken sie doch vor allem der religiösen Praxis, in der Yoga und Ritualismus verbunden sind, und der mystischen Spekulation über die kosmische Energie, verkörpert durch die große Göttin Shakti, ihre besondere Aufmerksamkeit. Als Gemahlin Shivas hat sie einen sowohl friedlichen als auch furchtbaren Aspekt. Als Parvati, Tochter der Berge, ist sie Shivas (oder Sadashivas, Ishvaras u. a.) schöne Braut und wird auch im großen Lehrgedicht des Siddha-Yoga, der *Guru-Gita,* besungen. Als blutdürstige Kali verlangt sie Tier- und manchmal auch Menschenopfer, und als Durga erschlägt sie den büffelgestaltigen Dämon Mahisha und errettet so die Menschheit.

Tantrismus ist in erster Linie ein Erlösungsweg, und oberstes Ziel ist die geistige Vervollkommnung *(siddhi)*. Dogmatisch versteht er sich als Fortsetzung des Veda. Praktisch und theoretisch steht er auf dem Boden der All-Einheits-Lehre und betrachtet dabei die Welt und die Seele als real, dies im Gegensatz etwa zum Vedanta. Daraus wird der Schluß gezogen, daß der Adept – wie im Yoga – damit beginnen soll, seinen Körper und sein psychisch-geistiges Leben zu unifizieren und deren Identität mit dem gleichfalls als eine geschlossene Einheit betrachteten Kosmos zu realisieren. Dies sind Vorstellungen, die auch im Siddha-Yoga zu den grundlegenden gehören.

Lehren und Technik des Tantrismus haben sich weit über die Grenzen Indiens und den Hinduismus hinaus verbreitet. Man denke hier z. B. an die tibetischen Vajrajana-Systeme. In Kambodscha gibt es seit dem 9. Jh. eine shaivitische Richtung tantristischer Art, und auch in Java manifestiert sie sich um 900 in Verbindung mit shaivitischer Religiosität.[10] Da aber tantristische Lehren inschriftlich bereits vor 424 n. Chr. nachweisbar sind und innerhalb des Buddhismus schon um 350 n. Chr., muß für die Anfänge des Tantrismus ein noch weit höheres Alter angenommen werden.[11]

Es ist offensichtlich, daß das Beziehungsspektrum des Siddha-Yoga zum Hinduismus äußerst vielfältig ist. Der Hinduismus blickt auf eine Geschichte von über 3000 Jahren zurück und ist heute noch ohne klar umrissenes Glaubensbekenntnis und ohne zentrale Hierarchie. Er umfaßt eine Vielzahl von Philosophien, Kulten und religiösen Sonderentwickungen, die aber alle mehr oder weniger eng mit der einen großen Überlieferung verbunden sind. So wenig der Hinduismus ein geschlossenes, dogmatisch und thematisch eindeutig definiertes System ist, so wenig ist dies der Siddha-Yoga. Verbunden mit den Traditionen um den großen Gott Shiva, die bis weit in vorvedische Zeiträume zurückführen, ist Siddha-Yoga eingebettet in den Geist des vedischen Indien (2000–1000 v. Chr.), der heroischen Epochen des *Mahabharata* und *Ramayana* (1000–500 v. Chr.), und den Geist der Mystik der Upanishaden. Von den Systemen der brahmanischen Philosophie[12] sind es vor allem der Yoga und der Vedanta, die im Siddha-Yoga grundlegend wurden, während der Kashmirische Shaivismus den theologischen Hintergrund für die religiöse Praxis bildet. Und wie der menschliche Körper vom Blut, so sind die vielfältigen philosophischen und religiösen Traditionen und Aspekte des Siddha-Yoga vom Geist des Tantrismus durchtränkt.

Yoga und Tantrismus stehen nach Eliade[13] aber auch in Beziehung zur Alchemie, also zu panindischen und archaischen Traditionen. In der tantristischen Literatur und Überlieferung findet man die genauesten Hinweise auf Alchemie und die meisten Namen von alchemistischen Siddhas. Eliade zitiert als Beispiel die große tantrische Abhandlung, die A. Grünwedel unter dem Namen *Die Geschichte der 84 Zauberer*[14] aus dem Tibetanischen übersetzt hat und die Angaben über die alchemistischen Praktiken der Siddhas enthalten. So wird von einem tantristischen Meister berichtet, der durch Magie das Elixier des Lebens in großer Menge hervorrief und es an die andern verteilte, so daß alte Leute von 150 Jahren wieder jung wurden, sowie von Praktiken, in denen Kupfer in Silber und Silber in Gold verwandelt wurde. Die Parallele zu den *vita longa*–Theorien der abendländischen Alchemisten ist augenfällig.[15] Obschon Eliade nachweist, daß die indische Alchemie – und dies gilt auch für die chinesische – unabhängig von der arabischen entstanden ist, müssen doch seit dem Einfall des Islams in Indien Verbindungen zwischen diesen beiden alchemistischen Traditionen entstanden sein. Die arabische Alchemie hat aber die abendländische nachhaltig beeinflußt. Was diese in der analytischen Psychologie C. G. Jungs bedeutet, braucht hier wohl nicht besonders hervorgehoben zu werden.

Die vielfältigen geschichtlichen, philosophischen und religiösen Hintergründe und Verflechtungen des Siddha-Yoga könnten bei einer synoptischen Betrachtungsweise graphisch ungefähr wie folgt dargestellt werden:

Abb. 4

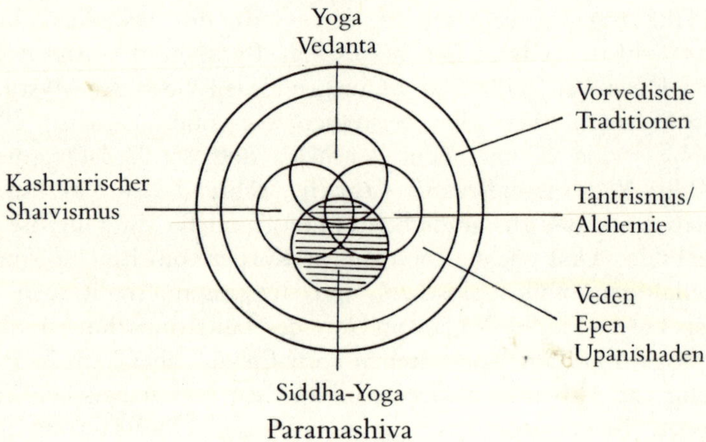

Alle diese geistigen Strömungen wurden durch ein gemeinsames Band, die «Botschaft» der Siddhas, auf ein einziges Ziel hin fokussiert: die Erfahrung des inneren Selbst als ein *jivanmukta,* ein im Leben, also im Körper Befreiter.

Wie die Alchemie, so läßt sich auch Siddha-Yoga von zwei Aspekten her betrachten. Zunächst als *Theoria*, die im Siddha-Yoga im wesentlichen aus den zwei Säulen des Vedanta und des Kashmirischen Shaivismus besteht, dann als *Experientia,* dem Weg der unmittelbaren *Erfahrung,* d. h. als Yoga. Die *Theoria* der Alchemisten entspräche dabei der indischen Vorstellung von der Erlösung durch das «Wissen», d. h. der Erwerbung der in den heiligen Schriften niedergelegten Erkenntnis. Im folgenden möchte ich zunächst auf die *Theoria* (im alchemistischen Sinne verstanden) des Siddha-Yoga, d. h. auf die Bedeutung der beiden Erkenntnisquellen Vedanta und Kashmirischer Shaivismus eingehen, um anschließend in die *Experientia*, das eigentliche Geheimnis der Siddha, einzudringen.

3.
Philosophische Grundlagen des Siddha-Yoga: Vedanta und Kashmirischer Shaivismus

Wer aus dieser Welt scheidet, ohne seine eigentliche Welt erkannt zu haben, dem nützt diese, weil sie nicht erkannt ist, so wenig wie der Veda, den man nicht studiert hat, oder eine Arbeit, die man nicht getan hat.

(Brihad-Aryanka-Upanishad)

Swami Muktananda ließ nie einen Zweifel darüber aufkommen, daß Siddha-Yoga weder ein philosophisches System noch ein religiöser Ritus oder Kult ist. Die Essenz dieses Yoga ist die individuelle Erfahrung des göttlichen Bewußtseins, des Selbst, das im Innern eines jeden Menschen verborgen ist. Siddha-Yoga ist ein Erfahrungsweg. Um aber die subjektiven Erfahrungen, die dem Suchenden auf seinem Weg zustoßen, zu fassen und zu ordnen, bezieht sich Siddha-Yoga zur Hauptsache auf zwei große Philosophien, nämlich den *Vedanta* und den *Kashmirischen Shaivismus*. Diese Systeme sollen dem *sadhaka* helfen, das Allgemeingültige in seinen persönlichen Erfahrungen sowie deren Ort oder Stufe auf seinem innern Pfad zu erkennen. Sie sind die Mittel, welche ihm helfen sollen, Unwissenheit als Ursache seiner Verlorenheit zu beseitigen. Beide Philosophien vertreten, was die Grundsätze ihrer Lehren anbetrifft, ähnliche oder identische Standpunkte. In einer wichtigen Frage weichen sie allerdings grundsätzlich voneinander ab, nämlich in der Antwort auf die Frage nach der Realität dieser Welt. Nach dem Vedanta ist die Welt eine Illusion, während sich der Kashmirische Shaivismus auf den Standpunkt stellt, die Welt sei eine verdichtete oder eingeschränkte Form des Absoluten Bewußtseins. Sie sei deshalb real für die Zeit, in der sie existiert, ein Standpunkt, den auch Swami Muktananda einnimmt und der für den Menschen von erheblicher praktischer und psychologischer Bedeutung ist.

Wenn wir die Bedeutung dieser beiden großen Philosophien für den Siddha-Yoga umschreiben wollten, so müßte die des Vedanta mehr in seinem philosophisch-erkenntnistheoretischen, die des Kashmirischen Shaivismus mehr in seinem philosophisch-praktischen Aspekt gesehen werden.

3.1. Vedanta

Die Sutras des Vedanta mit Shankaras Kommentaren stehen wie keine andere Lehre im Mittelpunkt der indischen Spiritualität. Vedanta bedeutet *veda* und *anta,* d. h. «Ende der Vedas», der ältesten indischen Schriften. Er gehört zu den sechs orthodoxen Systemen des Hinduismus und ist eine methodische Darstellung der vor allem in den Upanishaden enthaltenen Lehren und deren Kommentierung. Das Lehrbuch der Upanishadenauslegung ist das Brahma-Sutra des Baderayana (ca. 200 v. Chr.), das aus 555 Aphorismen besteht und deren erster den Zweck aller andern verkündet: «Nun denn, ein Wunsch, Brahman zu erkennen[1].» – Etwa tausend Jahre später entstand eine Interpretation dieser Aphorismen, die weltweite Anerkennung gefunden hat, nämlich jene des großen Siddha Shankara.

Shankara und seine Beziehungen zu westlicher Geistigkeit

Über die äußeren Lebensumstände Shankaras wissen wir nur wenig. Schon früh umgab die liebenswürdige Gestalt dieses Heiligen, Philosophen und Dichters ein Kranz schöner Legenden. Geboren um das Jahr 686 n. Chr. in einer Brahmanenfamilie in Kalidi, einem kleinen Dorf im westlichen Malabar in Südindien, galt er schon mit 10 Jahren als Wunderkind. Er hatte nicht nur alle heiligen Schriften gelesen, sondern auch Kommentare zu vielen dieser Schriften verfaßt und mit berühmten Gelehrten aus allen Teilen des Landes diskutiert. Doch damit war der Knabe nicht zufrieden. Ähnlich wie Swami Muktananda trieb es ihn, auf die Suche nach dem Sinn des Lebens zu gehen. Diesem Drang verlieh er in seinem Gedicht *Moha Mudgaran* ergreifenden Ausdruck:

Wer ist dein Weib, wer ist dein Sohn?
Wie seltsam sind die Wege dieser Welt.
Wer bist du? Und woher bist du gekommen?
Sinn diesen Dingen nach und ehre Gott,

So lauten die ersten Zeilen des Lehrgedichts.

Shankara legte das Mönchsgelübde ab und ging auf die Suche nach einem Lehrer. Es war Govindapada, der ihm die Einweihung gab und ihn in Meditation und Yoga unterwies. Nach kurzer Zeit erreichte er die mystische Vollendung und begann zu lehren. Shankara starb im frühen Alter von 32 Jahren in Kedarnath im Himalaya. In der kurzen Zeit seiner Lehrtätigkeit gründete er viele Klöster und reformierte und organisierte das Mönchsleben, und seine Regeln gelten heute noch. Sein literarisches Erbe gab dem geistigen Leben seiner Zeit einen gewaltigen Auftrieb und wirkt bis heute in ungebrochener Kraft weiter.[2]

Nach Rudolf Otto sind Shankara und Meister Eckhart die größten Verkörperungen dessen gewesen, was man vornehmlich und zuerst unter östlicher und westlicher Mystik zu verstehen hat. Die Übereinstimmung ihrer Werke ist im höchsten Maß erstaunlich. Sie ist so groß, schreibt Otto in seinem Werk *West-östliche Mystik*[3], daß man mit einigem Geschick ihre Grundlehren so zusammenstellen und stilisieren könnte, daß die Formeln des Einen nur wie eine Übersetzung aus dem Sanskrit ins Lateinische oder Mittelhochdeutsche erscheinen und umgekehrt. Die Übereinstimmungen gehen noch weiter: beide sind zugleich Theologen und Philosophen, Mystiker und Scholastiker, und beide geben ihre Lehren in der Form von Kommentaren zu den alten heiligen Schriften ihrer religiösen Gemeinschaft, und beide fassen schließlich ihre Lehre in einem großen spekulativen Werk zusammen: Shankara zu den *Brahma-Sutras*, Eckhart in seinem *Opus tripartitum*. Noch erstaunlicher als diese äußeren Entsprechungen ist die Ähnlichkeit ihrer mystischen Einstellung selbst, was auch neuere Kommentatoren wie z. B. D. T. Suzuki belegen.[4] Diese außerordentlichen Übereinstimmungen führten beispielsweise dazu, daß viele Swamis des Radakrishnaordens, die ja philosophisch in der Shankara-Tradition ausgebildet sind, Eckhart aufrichtig bewundern und ihn für einen echten Vedantin halten.[5]

Aber auch vom philosophischen Standpunkt aus bestehen merkwürdige Beziehungen zwischen dem System der Vedantalehre und abendländischen Philosophien, insbesondere zu der vom Vedanta unabhängigen Philosophie Kants. Nach Paul Deussen sind diese Verbindungen derart, «daß die Consequenzen der Kantischen Grundlehren geraden Weges zu den Hauptsätzen der Philosophie Shankaras führen, während umgekehrt die Lehre des letzteren in der Kritik der reinen Vernunft ihren eigentlichen wissenschaftlichen Unterbau finden würde.»[6]

Der Schöpfungsprozeß nach dem Vedanta

Dieser Vedanta, der so viele Bezüge zu abendländischer Philosophie und Mystik und letztlich auch Psychologie aufweist, bildet also im wesentlichen auch den philosophisch-religiösen Hintergrund des Siddha-Yoga. Auf die Frage, was denn der Vedanta eigentlich sei, antwortete Muktananda: «Das ist eine große Frage. Vedanta ist wir selbst, nichts anderes.» Dazu zitierte er die Worte eines Heiligen: «Ohne Kenntnis des Vedanta kannst du dein eigenes Selbst nicht erkennen; du kannst keine Erfahrung innerer Liebe haben. So wie wir die Existenz verschiedener Objekte in einem Raum ohne die Hilfe des Lichts nicht erkennen können, so können wir ohne die Hilfe des Vedanta auch nicht begreifen, was uns geschieht.» Das Studium des Vedanta soll dem Siddha-Yoga-Schüler jene Erkenntnis universaler Zusammenhänge vermitteln, die es ihm ermöglicht, sich auf seinem inneren Erfahrungsweg zu orientieren. Denn – wie es Christian Morgenstern sagte – wer vom *Ziel* nichts weiß, kann den *Weg* nicht wissen. Der Vedanta beseitigt die Unwissenheit über das Ziel unseres Lebens und weist den Weg dahin. Er zerstört die Verhaftungen in etwas, was nie war, und läßt das erreichen, was der Mensch schon immer hatte. *Atma tu satatam* – das Selbst ist immer schon erreicht.

Der Vedanta ist also nicht nur eine Theorie, sondern auch eine praktische Heilslehre. Zur bewußten und dauerhaften Identifikation der Einzelseele mit dem Selbst braucht es sowohl das Studium der heiligen Schriften als auch geistige Übungen und eine entsprechende Lebensführung. Nach Shankara sind es vier Dinge, die für den Suchenden dringend notwendig sind, nämlich die Unterscheidung zwischen dem Wirklichen und dem Unwirklichen *(viveka)*, Entsagung *(vairagya)*, ein spirituelles Leben *(shatkasampatti)* und schließlich Sehnsucht nach Befreiung *(mumukshuttva)*. Sehnsucht nach Befreiung darf aber nicht als Rastlosigkeit verstanden werden. Rastloses Denken beweist bloß mangelnde Beherrschung und mangelnden Glauben an das Vorhandensein der Wahrheit.

Bhakti, Hingabe, ist also eine wesentliche Voraussetzung zur Erlangung der Befreiung. Ohne diese versandet der Suchende leicht in trockenem Intellektualismus und in rein spekulativer Philosophie, mit der er das Ziel, die Erkenntnis seines wahren Selbst, nicht erreichen kann. Wenn aber ein Suchender die erwähnten vier Merkmale aufweist, so ist er geeignet für das Studium des Vedanta. Dieses beginnt mit dessen Essenz, die Shankara in den Worten zusammenfaßt: «Brahman, Absolutes Sein, Absolute Erkenntnis und Absolute Seligkeit *(sat, chit, ananda)* ist wirklich. Die Welt ist nicht wirklich. Brahman und der Atman (des Menschen inneres Selbst) sind eins.»

Nach dem Vedanta ist der Kosmos ein Ergebnis des Nichtwissens und ebenso jenes innere Ich (*ahamkara*, der «Ichmacher»), das überall fälschlicherweise für das Selbst gehalten wird. Das wahre Selbst, der Atman, liegt in fünf Hüllen, unter fünf aufeinanderliegenden psychosomatischen Schichten[7] verborgen. Diese fünf Hüllen bilden zusammen drei kosmische Körper: *anna-maya-kosha* den physischen; *pranamaya-*, *manomaya-* und *vijnamaya-kosha* den feinstofflichen und *anandamaya-kosha* den Kausalkörper.

Der kosmische oder feinstoffliche Körper, der dem Traumbewußtsein entspricht, wird oft auch *malat tattva*, kosmische Intelligenz, genannt, die alles und jedes durchdringt. Unter diesem Aspekt ist er auch als *hieranyagarbha* (der goldene Schoß) und *prana* (Lebenskraft) bezeichnet. Für C. G. Jung ist dieser *hieranyagarbha* synonym mit dem Mercurius der Alchemisten oder dem *spiritus vegetativus* aller Natur. Befreit, hat er den Charakter des überpersönlichen Atman, ist er das überpersönliche Selbst, welches durch den *filius macrocosmi*, den Stein des Weisen *(lapis est unus!)* dargestellt wird.[8] Die Kosha-Konzeption des Vedanta ist für die vorliegende Arbeit insofern auch von Bedeutung, als sie erlaubt, den anthropologischen Ort der Analyse im Sinne der Psychologie C. G. Jungs mit jenem der Wirkungen des Siddha-Yoga zu vergleichen.

Der Schüler des Vedanta lernt also zu Beginn seines Studiums, daß es nichts gibt, was wir als objektiv bezeichnen können, und daß das Universum nur infolge Abwesenheit wahrer Erkenntnis besteht, ähnlich wie uns ein Strick in dunkler Nacht als Schlange erscheinen mag. Diese Abwesenheit wird bezeichnet als *mulaprakriti, avidya, maya* usw. Sie ist es, welche aus dem, was Eckhart als Gottheit *(Brahman)* bezeichnet, den Schöpfer-Gott *(Jshvara)* entstehen läßt und die den *jiva,* das durch sie verdunkelte Einzelselbst, in die Schöpfung hinausführt. Was *mulaprakriti* ist, vermögen wir allerdings mit unserem Verstand nicht zu begreifen und zu erklären, da dieser selbst sich nie von Unwissenheit freimachen kann. Die Unwissenheit durch ihn analysieren hieße, die Dunkelheit mit Hilfe der Dunkelheit zu untersuchen. Trotzdem können wir über unsere Unwissenheit hinauskommen nach dem Ausspruch des Vedanta: Maya zerschlägt den Knoten der Maya. Erklärt wird dies oft am Beispiel eines Traumes, in welchem wir z. B. unsere Angst dadurch verlieren, daß wir einen bedrohlichen Traumtiger mit einem Traumgewehr erschießen.

Wenn also die reine, metaphysische Substanz *(Brahman)* in den Zustand hinabsinkt, in dem sie sich vorspiegelt, unter einer persönlichen Maske der Weltengott zu sein, dann trübt sich die Klarheit des reinen Geisteswesens, und diese Trübung ist Täuschung auf kosmischer Stufe: das Weltbewußtsein verliert den wahren Zustand und das wahre Wesen des Brahman aus dem Gedächtnis. Es bildet sich ein, eine göttliche Persönlichkeit zu besitzen: das ist das entscheidende Mysterium der Schöpfung. Der Höchste Herr gewinnt unter diesem Trugschluß das Bewußtsein, der Höchste Herr zu sein, und gefällt sich darin, allwissend, allmächtig, usw. zu sein. Der Besitz solcher Attribute wird in allen Weltreligionen, so auch im Christentum, ganz allgemein dem höchsten Wesen zugeschrieben, ist aber nach dem Vedanta nur ein Täuschungsreflex, von dem *Brahman* selbst trotzdem unberührt bleibt.[9]

Dieser Täuschungsreflex ist im Prinzip ein Verschleierungs- und Verdichtungsprozeß, der vom kausalen zum feinstofflichen und von diesem zum grobstofflichen Sein führt. Die Ursache dieses Prozesses, die *mulaprakriti,* ist eine Verbindung von sogenannten Grundeigenschaften der Natur, den drei *gunas,* nämlich von *sattva, raja* und *tamas,* die ihrem Charakter nach mit Ausgeglichenheit, Tätigkeit und Trägheit umschrieben werden können. Diese durchdringen das ganze Universum, Makrokosmos und Mikrokosmos, in seinem kausalen, feinstofflichen und grobstofflichen Aspekt und bewirken eine organische Sympathie zwischen Mensch und Kosmos. Der Unterschied zwischen diesen beiden ist aber nur ein solcher des Grades und nicht des Wesens. Psychologisch gesehen könnte man sagen, daß *sattva* in den psychischen, *rajas* in den psychophysiologischen (Leidenschaft, Sinnlichkeit usw.) und *tamas* in den Phänomenen der Materie vorherrscht. Die *gunas* treten aber niemals getrennt auf und sind in allen physischen, biologischen oder psychomentalen Phänomenen immer alle drei zusammen, wenn auch in ungleichem Verhältnis. Eben diese Ungleichheit ermöglicht das Erscheinen eines «Phänomens» gleich welcher Natur, denn ohne sie würden das ursprüngliche Gleichgewicht und die Homogenität der *guna* in Ewigkeit fortdauern.[10] Das Erscheinen der Phänomene ist das Spiel der Prakriti, die vor dem Purusha tanzt, um ihn an das «unterscheidende Erkennen» zu erinnern, und welche unter diesem Aspekt den Archetyp der Anima ausdrückt.[11] Dieses Spiel ist aber nur darum möglich, weil das innere Selbst es ermöglicht und weil dieses dem Menschen jenes Bewußtsein verleiht, ohne das die Maya nicht bestehen könnte.

Der Erlösungsprozeß beginnt bei Shankara mit der Analyse des durch *rajas* und *tamas,* heftige Aktivität und dumpfe Trägheit, verfinsterten Ich-Bewußtseins. Obwohl von ganz geringer Erkenntnis, wird es trotzdem *prajna,* Intelligenz, benannt, weil es ja einen individuellen Betrag von Unwissenheit, einen einzelnen Baum im Walde, «erleuchtet». Wie das individuelle Bewußtsein auch beschaffen sein mag, es dient als Licht, und wir haben nur dieses und kein anderes.[12] Es kann zwar die Finsternis nicht vollständig vertreiben, aber es leuchtet immerhin als Kerze in einem Hause, das sonst ganz dunkel wäre.

Heinrich Zimmer schreibt[13], daß man sich wohl mit allen verfügbaren Argumenten gegen diese vedantische Darstellung der Schwierigkeiten, in denen der Mensch mit seinem verdunkelten

Bewußtsein steckt, wehren wird; denn es scheint zunächst unglaubhaft, daß das Nichtwissen, wenn es weder wirklich noch unwirklich ist, imstande sein sollte, das Letztwirkliche zu verdecken. Solange deshalb unmittelbares Verständnis für das Geistige in der ihm eigenen Form nicht erweckt ist, werden dem ernsthaft Strebenden Übungen empfohlen, die ihn durch eine Reihe von vorbereitenden Stadien des Verstehens führen. Es sind dies das Studium der heiligen Schriften, Denken, Versenken und Überlegen und inbrünstige Konzentration. Sie führen schließlich zu dem Zustand, in welchem die Unterscheidung zwischen dem Betrachter und dem Betrachteten verschwindet, ähnlich wie sich Salz im Wasser auflöst. Das Bewußtsein des Adepten hat sich dann in das Wesen des Selbst hineinverwandelt, der in Unwissenheit gefesselte *jiva* ist befreit.

Der Zustand des befreiten Menschen, des «schon zu Lebzeiten Erlösten» *(jivan-mukta),* wird in vielen Texten der Vedanta-Schule beschrieben. Er stellt das Ideal des «göttlichen Menschen auf Erden dar», das Bild menschlicher Hoheit, von dem Indien seit Jahrhunderten inspiriert ist. Obwohl ein im Leben Befreiter immer noch an den Körper und seine Bedingungen gebunden ist, stören ihn keine Schatten des Nichtwissens mehr. Noch bewegt er sich hier in dieser Welt, doch seine Wohnstatt ist im ewigen Frieden. Er erlebt als unbeteiligter Zeuge seine eigene Person und alles, was mit ihm in Berührung kommt. Aber niemals identifiziert er sich mit sich selbst oder mit irgend etwas, das er zu sehen scheint.

Allerdings: die Wahrheit über das, was der Weise, «der Stumme» *(muni)* wirklich schaut, kann nur ausgedrückt werden in paradoxen, der Vernunft und Logik widersprechenden und das Normalbewußtsein schockierenden Äußerungen. *Credo, quia absurdum est!* Im transzendentalen Zustand verschwinden die dem Denken geläufigen Unterscheidungen, so daß schließlich nicht einmal der Gedanke an eine bewegungslose und eigenschaftslose ewige Substanz bestehen kann.

Die Vision Shankaras von der wahren Heimat des Menschen, von dessen Verlorenheit und Heimkehr, die Ideen und Paradoxa des Advaita Vedanta, haben das spirituelle Leben und die Geschichte des hinduistischen Indien bis zum heutigen Tag entscheidend geprägt und beeinflußt. Fast alle gebildeten Hindus des modernen Indien

Der Schöpfungsprozeß nach dem Vedanta

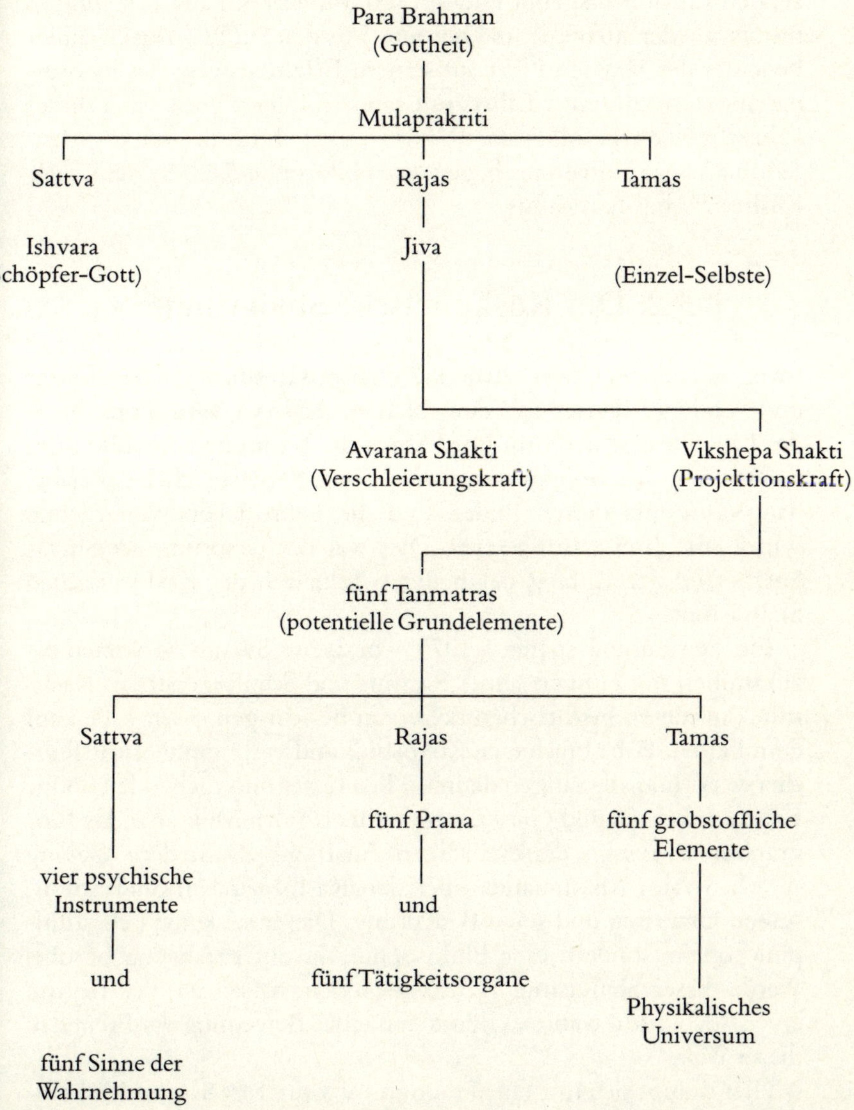

bekennen sich zum Vedanta, bzw. zu Shankaras Interpretation der Brahma-Sutras. Sie ist den Indern lebendiger Mythos geblieben, *der Weg, die Wahrheit und das Leben*. Aber auch auf den Westen hat der Vedanta – offen und unterschwellig – einen noch kaum abzuschätzenden Einfluß ausgeübt und übt ihn immer noch aus, wie Jung es immer wieder aufzeigte und betonte. Für den Siddha-Yoga-Schüler bedeutet der Vedanta Licht auf seinem Erfahrensweg, das Koordinatensystem auf seiner Fahrt zum «andern Ufer». Wie er aber dieses Fahrzeug lenken soll – die Praxis –, sagt ihm ein anderes, dem Siddha-Yoga zugrunde liegendes philosophisches System, der Kashmirische Shaivismus.

3.2. Der Kashmirische Shaivismus[14]

Im achten oder neunten Jahrhundert lebte in Kashmir ein berühmter und verehrter Weiser mit dem Namen Acharya Vasugupta. Nach der Legende erschien ihm Lord Shiva im Traum und erzählte ihm, daß er seine Geheimlehre auf einen riesigen Felsen geschrieben habe, daß Vasugupta diesen finden und die Lehre jenen weitergeben würde, die ihrer würdig seien. Dies war der Ursprung der Shiva-Sutras und der Anfang der heiligen Schriften des Kashmirischen Shaivismus.

Ein Jahrtausend später – 1973 – besuchte Swami Muktananda, zusammen mit einigen seiner Swamis und Schüler, erstmals Kashmir, um diesen historischen Felsen zu besichtigen. «Wir saßen auf dem Felsen, Baba brach eine Kokosnuß und verbrannte etwas Räucherwerk, und alle sangen dann im Lichte der untergehenden Sonne *Paduka Panchaka* und *Guru Gita*», erinnerte sich Muktanandas Biographin an diesen denkwürdigen Ausflug.[15] Nach dem Gesang sprach Swami Muktananda über den Kashmirischen Shaivismus, seinen Ursprung und seine Bedeutung. Dieser sei keine Lehrstuhlphilosophie, sondern eine Philosophie, die auf Erfahrung beruhe. Werde dieser Shaivismus recht verstanden, so sei dies der Beginn einer Revolution wahren Glücks und einer Bewegung der Freude in dieser Welt.

Hier drängt sich mir eine Frage auf: warum legt Swami Muktananda seinem Yoga neben dem Vedanta noch eine weitere und in wichtigen Punkten vom Vedanta abweichende philosophische Schule zugrunde, wenn der Vedanta nach seiner eigenen Aussage für den *sadhaka* «das Licht auf seinem Weg zum andern Ufer» bedeutet? Um die Antwort auf diese Frage etwas zu veranschaulichen, pflegen die Siddha-Yoga-Lehrer oftmals die folgende – auch in andern Variationen bekannte – Geschichte zu erzählen: Zwei Vedantin waren einmal in ein tiefgründiges Gespräch über das Wesen der Maya und den illusionären Charakter der Welt, in der sie lebten, vertieft, als plötzlich ein wilder Elephant auf sie zustürmte. «Schnell, laß uns fliehen!», rief der eine voller Angst. «Warum sollen wir?», fragt der andere, «dieser Elephant ist ja doch nur eine Illusion.» «Ich weiß das schon», jammert der erste wieder, «aber weiß das auch der Elephant?»

Diese Geschichte will darauf hindeuten, daß sich der Mensch, solange er Mensch ist, den Gesetzmäßigkeiten dieser Welt nicht entziehen kann, auch wenn er um deren Relativität weiß. Der Kashmirische Shaivismus hat daraus seine Konsequenzen gezogen und gibt – dies ist der Hauptunterschied zum Vedanta – eine andere Antwort auf die Frage nach der Wirklichkeit des Universums. Der Vedanta betrachtet das Universum als eine Illusion, als Maya, als ein Produkt der Unwissenheit, *avidya*. Obwohl diese auch zeitlos ist, betrachtet Shankara *avidya* als von Brahman unterschieden. Erst wenn sie sich auflöst, kann die Seele ihre wahre Natur als Absoluten Brahman erkennen. In Wahrheit besteht aber für den Vedanta weder die Realität einer Seele noch eines Universums noch irgendeiner Art von Befreiung. All dies ist Maya, nur Brahman ist real, ist *sat-chit-ananda*.

Offensichtlich gibt Shankara der negativen Seite der Maya eine außerordentliche Bedeutung. Wie der Heilige Georg kämpft er gegen dieses Drachenungeheuer und trifft sich in diesem Punkt mit der christlichen Einstellung zur «Frau Welt». Die schöpferische Tiefe der indischen Seele spürte aber in der Totalität dieser Ablehnung instinktiv eine Gefahr, nämlich die der Erstarrung, der Dogmatisierung und vor allem, daß diese Verneinung im konkreten Alltag kaum zu leben ist.

In dem im Tantrismus wurzelnden Shaivismus – der Vedanta ist ja seiner Essenz nach vedisch – fand die Frage nach der Wirklichkeit unserer Welt eine andere Antwort. Aus seiner Sicht ist dieses Universum nicht unwirklich. Er argumentiert, daß der Vedanta schließlich nur durch die Existenz des Universums möglich sei: wer würde da sonst lehren, wer lernen? Das Universum hat immer existiert in der alldurchdringenden Form Shivas, nämlich als reines Licht und reines Bewußtsein, und alle Phänomene existieren in ihm und fließen aus ihm, wie alle Materie aus und in der Materie existiert. Trotzdem ist Paramashiva als Urgrund aller Existenz unwandelbar und unveränderlich.

In den wichtigsten Punkten stimmen der Kashmirische Shaivismus und der Vedanta allerdings überein: beide beruhen auf der Grundlage eines reinen Monismus und setzen als einzige Realität ein absolutes Selbst in seinem transzendenten Aspekt voraus. Beide betrachten die Befreiung der Seele aus ihren Zyklen von Tod und Wiedergeburt als letztes Ziel und als Sinn menschlichen Lebens. Und beide Schulen sind sich schließlich auch einig darüber, daß der Weg zur Befreiung in der wahren Erkenntnis des absoluten Selbst liegt.

Der Erlösungsweg im Kashmirischen Shaivismus

Mit Vasugupta begann in Kashmir ein intensiver philosophischer Prozeß, der sich über Jahrhunderte erstreckte und dessen Schrifttum so umfangreich wurde, daß es nach Jaideva Singh, dem Übersetzer der wichtigsten Schriften des Kashmirischen Shaivismus ins Englische, wohl eines ganzen Menschenlebens bedürfte, um sie zu studieren.[16] Es scheint, daß etwas von der zauberhaften Anmut des kashmirischen Hochtals in diese Philosophie eingeflossen ist. Denn ihre Autoren – in Kashmir geboren und aufgewachsen – schreiben dem Schüler keine undurchführbaren Disziplinen vor. Sie fordern keinen Verzicht auf Haus und Herd und Freunde, um als Bettler wie die vedantischen Sannyasin oder buddhistischen Mönche auf Wanderschaft zu gehen, noch erwarten sie Kasteiungen und Buße in Wäldern und Einsiedeleien. Sie empfehlen keinerlei Praktiken, welche Emotionen oder Instinkte gewaltsam unterdrücken. Eine gewaltsame Kontrolle von Körper und Geist betrachtet diese Philosophie als psychologisch ungesund und in der Praxis als leidvoll und gefährlich.

Die Autoren des Kashmirischen Shaivismus lehren einen neuen und leichteren Pfad, um das höchste Lebensziel zu erreichen, einen Pfad, der auch schon von Vertretern der modernen Psychologie Zustimmung gefunden hat. Was lehrt nun dieser «in seiner Art großartige Shaivismus», wie Jan Gonda ihn bezeichnet?

In seinem Zentrum stehen drei Begriffe: *pati* (Gott der Herr), *pasu* (die gefangene, an die Wiedergeburt gebundene Seele – *pasu* heißt alles, was angebunden ist) und *pasa* (die Fessel, der Strick, die Schlinge, die uns gefangen hält).

Pati oder das Wesen der höchsten Realität

Der Kashmirische Shaivismus ist reiner Monismus, dessen höchste Realität absolutes, erkennendes Bewußtsein ist. Diese Realität hat viele Namen wie *pati* (der Herr), *chaitanya* (Bewußtsein), *parasamvit* (höchste Erfahrung), *paramashiva* (der höchste Gott) u. a. m. Obschon diese höchste Realität, im folgenden *paramashiva* genannt, nur eine Wirklichkeit ist, hat sie zwei Aspekte: Shiva und Shakti, bzw. *prakasha* und *vimarsha*. *Prakasha* (lit. Licht) ist das Prinzip der Selbstoffenbarung der höchsten Realität als Shiva. Shiva als Aspekt des *paramashiva* ist in diesem Zusammenhang ein Prinzip oder *tattva*. *Vimarsha* (lit. Erfahrung) oder *shakti* ist jener Aspekt, der das Licht der Selbstoffenbarung benutzt, um sich unmittelbar als Ich wahrzunehmen. *Shakti* bedeutet einerseits die Erfahrung oder Selbsterfahrung jenseits der Manifestation des Universums, ist aber als die universelle Energie gleichzeitig auch dessen Schöpferin. Alles Existierende ist demzufolge nur eine Manifestation des immanenten und kinetischen Aspekts dieser *pati* oder *paramashiva* genannten höchsten Realität. Diese ist also nicht nur passives Zeugenbewußtsein, sondern Bewußtsein *und* Aktivität. Die höchste Realität ist darum auch *spanda,* d. h. aktiv, dynamisch, vibrierend, pulsierend vor Leben, m. a. W. *schöpferische Vibration*. *Spanda* ist das Prinzip, das den uranfänglichen Unterschied zwischen dem Erkennenden und dem Erkannten, d. h. der beiden *tattvas* shiva und shakti, bedingt. Ohne selber Bewegung zu sein, ist es die causa sine qua non aller Bewegungen. *Spanda* als Pulsschlag der göttlichen Ekstase ist letztlich nichts als ein anderer Name für Selbstoffenbarung oder *vimarsha*. Abhinavagupta, der große Meister des Kashmirischen Shaivismus, versuchte, *spanda* auch als den nicht objektivierten Wunsch oder Drang, welcher dem Bewußtsein das Gefühl der Unvollständigkeit gibt, zu erklären.

Dem *paramashiva* werden viele Kräfte zugeschrieben, von denen aber nur fünf grundlegend sind:

- *chit-shakti* als Kraft der Selbstoffenbarung (bereits als *prakasha* beschrieben). Dieser Aspekt ist bekannt als *shiva*.
- *ananda-shakti* als unabhängige Kraft absoluter Seligkeit. Dieser Aspekt ist bekannt als *shakti*.
- *iccha-shakti* als Schöpferkraft, die Kraft *paramashivas* zu wollen. Dieser Aspekt ist bekannt als *sadashiva* oder *sadakhya*.
- *jnana-shakti* als Kraft der Erkenntnis, die alle Objekte unter sich in eine bewußte Beziehung bringt. Dieser Aspekt ist bekannt als *ishvara*.
- *krya-shakti* als Handlungskraft, die Fähigkeit, *paramashivas* Formen zu schaffen. Dieser Aspekt ist bekannt als *shuddavidya* oder *sadvidya*. Das Universum ist nichts anderes als die Entfaltung oder Ausdehnung der Höchsten *shakti*.

Durch seine *shakti,* das Prinzip der universellen Manifestation, erscheint *paramashiva* aus freiem Willen als die Welt, als eine andere Form seiner selbst, ähnlich wie das Netz der Spinne nur ein Teil ihrer eigenen Substanz in anderer Form ist. Dies geschieht dadurch, daß sich die fünf grundlegenden Kräfte oder *shaktis* in der obigen (logischen) Reihenfolge gegenseitig anregen.

Der Aspekt, welcher den unendlichen Shiva als den endlichen *Purusa* erscheinen läßt, ist *maya*. Sie ist weder die materielle Ursache des Universums noch das Prinzip der Illusion. Sie ist jenes Prinzip, welches «das andere» vom Ich trennt und die Dinge unterscheidet. Dadurch webt sie jenen Schleier über das Selbst, der es seinen wahren Ursprung vergessen läßt und den Sinn der Unterscheidung hervorbringt. Sie bedingt durch ihre Hüllen oder *kancukas* die Erfahrung der beschränkten Wesen. *Kancukas* sind die beschränkte Macht der Attribute Gottes, nämlich beschränkte Fähigkeit *(kalaa-tattva),* beschränktes Wissen *(vidya-tattva),* der Wunsch nach Dingen *(raga-*

tattva), Beschränkung durch Zeit *(kaala-tattva)* und Beschränkung durch Ursache, Raum und Form *(niyati-tattva).*

Das Universum, und das impliziert alles, was irgendwie als existent betrachtet werden kann, ist also eine sekundäre Widerspiegelung Shivas in seiner Shakti (daher ein anderer Name dieses Systems: *abhasavada,* Reflexionstheorie). Diese Ausdehnung Shivas in seinem Shaktiaspekt wird in 36 Kategorien oder *tattvas* gefaßt. *Tattva* meint die Essenz oder das Prinzip, aus der jeder neue, d. h. zunehmend verdichtete Zustand des Schöpfungsprozesses aus dem vorangehenden hervorgeht. Schöpfung meint das Offenbarwerden gegenüber dem universalen Geist, ist also ein Reflexionsprozeß *(Abhasa).* Sie schließt beides in sich, das Wahrgenommene und den Wahrnehmenden, d. h. Subjekt und Objekt. Beide sind im Verständnis des Kashmirischen Shaivismus reines Bewußtsein und insofern real, als sie Aspekte der höchsten Realität sind. Die Phänomene der Schöpfung sind also nicht völlig nicht-existent, obwohl sie in der unmanifestierten Realität selbst in den Formen, in welchen die beschränkten Wesen sie erfahren, nicht-existent sind.

Schöpfung ist die aktive Phase des absoluten Bewußtseins und wird *shristi* genannt. In ihr entfalten sich die im *pralaya* schlafenden Keime des Potentiellen zum Manifesten, ähnlich wie aus einem Samen ein neuer Baum entsteht. *Pralaya* ist die passive Phase, in der alle Formen des geschaffenen Universums aufgelöst und als Keime in das absolute Bewußtsein zurückgenommen sind, ähnlich wie ein Baum in seinem Samen schlafend auf seine nächste Entfaltung wartet. Dieser periodische Rhythmus des absoluten Bewußtseins wird *spanda* (lit. Pulsschlag) genannt und ist ohne Anfang und ohne Ende. *Spanda* ist die Machtfülle Gottes, die Welt phänomenal existieren und wieder verschwinden zu lassen (Schöpfung und Auflösung), die Welt zu erhalten, sich selbst und seinen transzendentalen Charakter einzuschränken und seine Gnade oder Segenskraft durch den Guru zu übertragen. Dies sind die fünf ewigen Funktionen Gottes.

Pasu oder die Verlorenheit der individuellen Seele

Pasu als die individuelle Seele ist ein zeitgebundener Aspekt Shivas. Die individuellen Seelen sind darum mit Gott identisch. Die individualisierte, d. h. «aufgeteilte» Seele hat aber dieses Einheitsbewußtsein verloren und ist darum wie eine Welle, die nichts mehr vom Meer weiß. Eine Welle ist aber wie die andere, aus der gleichen Substanz, nämlich Wasser des Ozeans. Verantwortlich für diesen Zustand ist *avidya* (vedisch) oder *mala* (Kashmirischer Shaivismus), d. h. Unwissenheit. Ziel des Kashmirischen Shaivismus ist es, dem Individuum den Weg zur Erlösung aus diesem Zustand zu zeigen. Dieser Weg besteht in der erlebten und erfahrenen Einsicht, daß Seele und höchste Wirklichkeit eins sind. Da aber das Universum nicht, wie Shankaras Vedanta es lehrt, irreal ist, besteht es auch nach der Realisation des Selbst. Es wird jedoch in seiner wahren Beschaffenheit erkannt. Diese Art von Erkenntnis als absolutes Hilfsmittel zur Erlösung heißt *pratyabhijna* oder Wiedererkennung, denn die Seele erwirbt sich keine neue Kenntnis, sondern erkennt wieder, was sie immer schon war: wesensgleich mit dem höchsten Bewußtsein. Diese Einsicht führt somit nicht zu einer Negation des Universums, sondern zu einer neuen Interpretation und Würdigung, ein grundlegender Aspekt der Philosophie des Kashmirischen Shaivismus. Herbeigeführt wird die Selbst-Verwirklichung, d. h. Bewußtsein der Identität von Paramashiva und Purusha, durch *prathiba,* d. h. durch blitzartige Intuition. Dabei ist die persönliche Anstrengung weniger wesentlich als der göttliche Wille. Denn Gott, dessen eigentliches Wesen den Seelen verborgen ist, kann, sobald sie ihre Rolle im *samsara* vollendet haben, ihnen seine Gnade und dadurch *moksha,* Erlösung, erteilen. Solange wir nicht in dem ursprünglichen Zustand der Vollkommenheit und des reinen Bewußtseins aufgehen, sind wir ruhelos und leiden und bleiben Gefangene des Prozesses von Werden und Vergehen. Wir müssen zurück zur Quelle nach dem Mantra: *so ham* – das bin ich.

Pasa oder Kraft, welche die Seele in Gefangenschaft hält

Pasa ist die bindende Kraft oder die Ursache, daß die Seele ihre Identität mit Gott nicht erkennt. Diese Kraft wird auch als *mala,* d. h. Unreinheit, Flecken, Staub, Dreck usw. bezeichnet und ist von dreifacher Art:

- *anava-mala* ist die egoistische Sicherung unserer Individualität als Mann, Frau, Wissenschaftler, jung usw., als Folge der menschlichen Unwissenheit (*ana* bedeutet klein, Atom). Das Vergessen seines wahren Wesens ist die Erbsünde, mit der der Mensch belastet ist. Nach dem Kashmirischen Shaivismus ist dies die Sünde Gottes, aber *wir* sind es, die leiden.
- *mayiya-mala* ist die durch *maya* bedingte Begrenzung und die Ursache aller Körper. Solange man in seinem Körper bleibt, ist man mit *maya*-Unreinheit behaftet.
- *karma-mala* ist das kosmische Spiel selbst, Aktion und Reaktion als eine Kette endloser Bewegung und die Ursache, daß der *jiva,* die individuelle Seele, von einem Leben in ein nächstes hinübergeführt wird.

Die Unreinheit (*pasa* oder *mala*) als Wurzel unserer Gefangenschaft endet, wenn die reine «Shivaschaft» der Seele wieder hergestellt ist. Dieses Phänomen heißt *bhairava*. Glückt es einem, es andauern zu lassen, so ist man vom Endlichen befreit, und man erkennt, daß man Gott selbst ist, von dessen Glück, Wonne und Erhabenheit man vorher keine Ahnung hatte. Doch wie kommen wir zu diesem Glück? Da wir «arme Seelen» sind, bedürfen wir dazu der göttlichen Segenskraft. Je nach Art der dem Sucher zufallenden göttlichen Gnade wird dieser einen besonderen Befreiungsweg gehen, der als *upaya* bezeichnet wird. Der Kashmirische Shaivismus kennt vier solcher Wege.

- In *anupaya* verwirklicht der Sucher sein Selbst durch bloßes Hören des Worts des Gurus, durch intensives Shaktipat. Die Vorsilbe *an* in *anupaya* meint in diesem Zusammenhang «sehr wenig» oder «fast nichts». Auf diesem *upaya* hat der Sucher beinahe nichts zu tun. Der Weg ist die unmittelbare Erkenntnis seiner wahren Natur durch die Gnade des Guru.
- *shambava-upaya* ist dadurch gekennzeichnet, daß durch Willenskraft das ständige Bewußtsein der eigenen Göttlichkeit aufrechterhalten wird, das schließlich zur Selbstverwirklichung führt.
- *shakta-upaya* ist Verwirklichung durch richtiges Verstehen oder Wissen, durch Meditation oder Kontemplation von Vorstellungen wie *shivoham* (Ich bin Shiva), *so ham* (Ich bin er), usw. Dadurch

vereint er sein beschränktes Ich mit dem unbeschränkten Ich seines höheren Selbst, so daß Subjekt und Objekt zusammenfließen.

- *anava-upaya* ist der Weg jener, die noch vorwiegend im Bewußtsein der Dualität leben. Es ist der Weg der praktischen Übungen und der persönlichen Anstrengungen wie Pranayama, Riten, Wiederholen von Mantras, usw.

Befreiung im Sinne des Kashmirischen Shaivismus heißt also Erkenntnis *(pratyabhijna)* seiner eigenen wahren Natur, d. h. des ursprünglichen, eingeborenen, reinen Ich-Bewußtseins. Sie führt über die Einsicht, daß unser normales psychologisches Ichbewußtsein relativ ist. Reines Ich-Bewußtsein ist unmittelbares Bewußtsein, Bewußtsein an sich. Hat jemand dieses Bewußtsein, so kennt er auch seine wahre Natur, und das ist es, was mit Befreiung gemeint ist. Höchste Erfüllung ist also das, was auch als Shivabewußtsein bezeichnet wird, in welchem das ganze Universum als Ich oder Shiva erscheint. Dies geschieht durch Shaktipat, die Erweckung der shakti *(anugraha),* die Ausgießung der göttlichen Gnade. Die Trikalehrer betonen, daß ein so befreites Wesen seine Individualität keineswegs verliert, auch wenn es die Einsicht erreicht hat, Paramashiva zu sein. Es nimmt alle individuellen Wesen als eins mit sich selbst wahr. Nichts wird verneint, im Gegenteil, alles, das negative Bewußtsein eingeschlossen, wird im inneren Selbst des Adepten vereint. Die ganze Welt wird dann zur Verkörperung Shivas, so wie es die *Shiva-Dristhi* sagt: «Der welcher gibt ist Shiva, der welcher nimmt ist Shiva, der welcher erfährt ist Shiva.» Wer wird da nicht auch an die christliche Einsicht erinnert: «Der Herr hat es gegeben, der Herr hat es genommen, der Name des Herrn sei gepriesen.» – Der Weg zu Shiva, um Shiva zu werden, das ist Shaivismus.

Überblicken wir beide, so wird deutlich, daß es sowohl im Vedanta als auch im Kashmirischen Shaivismus im wesentlichen darum geht, die Existenz der Welt und des Kosmos zu erklären. Der Ansatz, von dem diese beiden Philosophien ausgehen, ist aber, vor allem im Vedanta, dem des Westens diametral entgegengesetzt. Shankara und die Schöpfer des Kashmirischen Shaivismus denken von dem großen Licht der Welt, dem zweitlosen Einen aus. Es ist der Weg der Herleitung des Besonderen aus dem Allgemeinen oder eine deduktive Methode, im Gegensatz zu der bis vor kurzem vorwiegend induktiven, vom Ich ausgehenden Erklärungsmethode der westlichen Wissenschaft. Jung meinte dazu:

> Wenn wir ... z. B. eine Vorlesung mit den Vedantaworten eröffnen würden: ‹Diese Welt war am Anfang nur Brahman allein; dieses, da es allein war, war nicht entfaltet. Es wußte allein sich selbst, und es erkannte: ich bin Brahman. Dadurch ward es zu diesem Weltall› – so würde man uns zurecht als verrückt halten oder zumindest glauben, wir befänden uns in einem Revival Meeting. Wir fangen daher, wenn wir vernünftig sind und in der Realität leben, immer bei den alltäglichen, banalen Begebenheiten und beim Praktischen und Konkreten an, um eine Sache zu schildern.[17]

Nach Jung muß der westliche Mensch diese Realitäten unbedingt als Prämisse annehmen, wenn er überhaupt leben will. Ohne das persönliche Leben, ohne das Jetzt und Hier, kann er nicht zum Unpersönlichen gelangen. Das Persönliche muß sich vollenden, damit der Prozeß des Unpersönlichen eingeleitet werden kann.

Das Ich des westlichen Menschen hat sich heute allerdings so stark mit diesen sogenannten Realitäten identifiziert, daß wir vergessen haben, daß hinter aller Kultur noch die Gottheit, das Unpersönliche steht. Wenn wir anfangen, dies zu erkennen, dann erst sehen wir, daß das, was uns als Gipfel vorkommt, nur persönlich ist, nur der Lichtfunke von Bewußtsein. Dann sehen wir, daß vom Ganzen der Psyche aus gesehen, unsere Wissenschaft in den Bedingtheiten des persönlichen Bewußtseins ihre Begrenzung findet. Im Vedanta und im Kashmirischen Shaivismus begegnen wir zwei Versuchen, diese Begrenzungen vom Standpunkt des Absoluten aus zu sprengen und das persönliche Bewußtsein von daher zu einem Überpersönlichen, Kosmischen und Transzendenten hin zu öffnen. Ein echter Zugang zu diesen Philosophien ist daher dem westlichen Menschen in der Regel nur unter bestimmten Vorbedingungen möglich, vor allem muß er fähig sein, die Relativität seiner Ich-Position einzusehen. Dies setzt aber bereits eine spirituelle Reife voraus, die Jung dem Westen heute im Prinzip noch abspricht. Mit der Analytischen Psychologie hat er deshalb einen dritten, «mittleren» Weg, den psychologischen Weg der Individuation geschaffen, der in unserer Zeit wohl als erste wirkliche Alternative zum östlichen Yoga bezeichnet werden darf. Wie dieser ist der Individuationsprozeß ein Brückenschlag zwischen unserer äußeren Realität und der inneren transzendenten Welt – dem Para-Aspekt dieser Welt, wie der Osten sagen würde.

Abb. 5

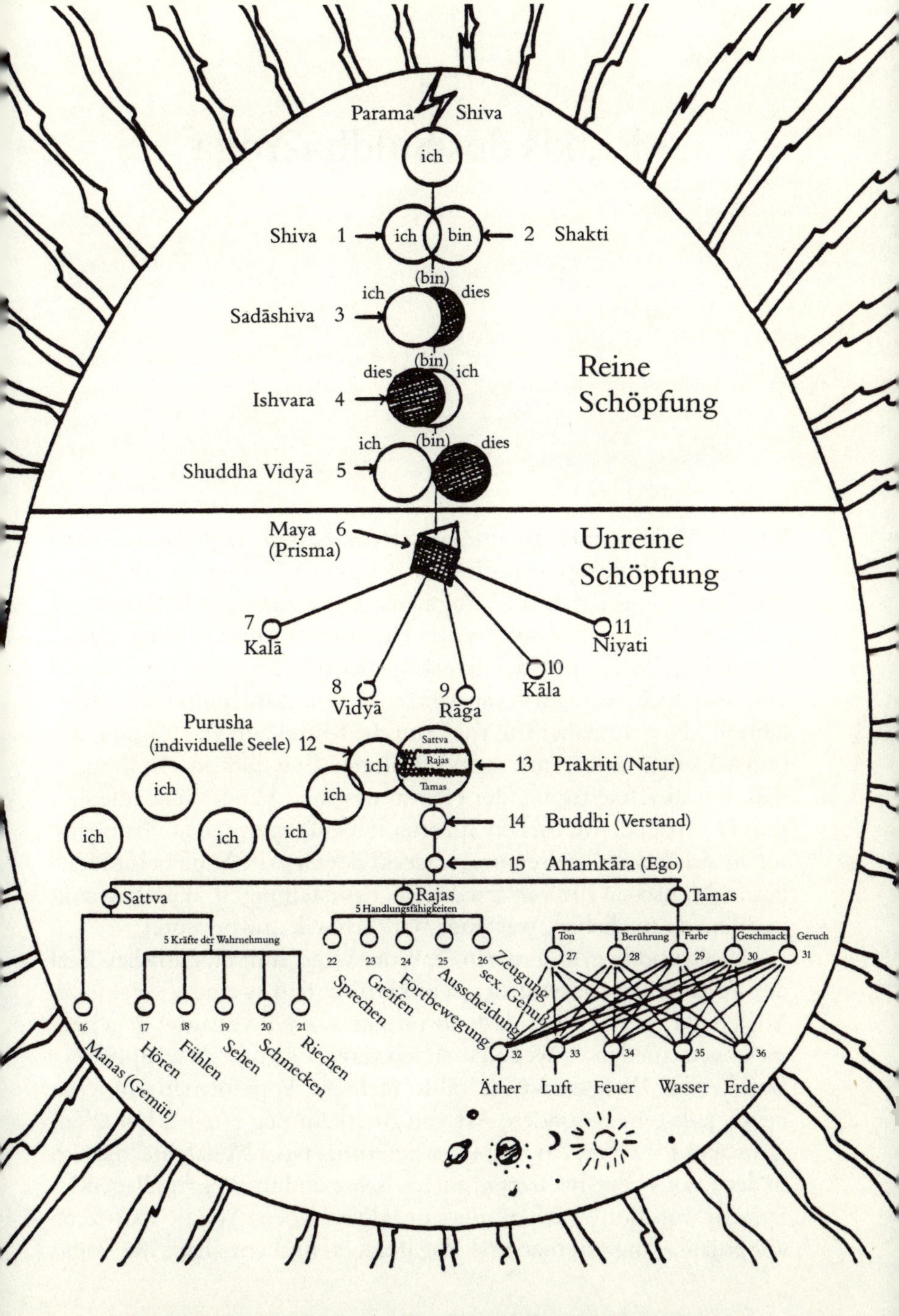

Der Schöpfungsprozeß nach Kashmir-Shaivismus

4. Praxis des Siddha-Yoga

Swami Muktananda hat immer wieder betont, daß Siddha-Yoga weder eine Philosophie noch eine Religion sei, sondern eine Technik. Nach Gopi Krishna ist Yoga eine Ergänzung zur Religion und wurde in Indien, im Lande seiner Herkunft, immer so verstanden.[1] Etymologisch kommt der Sanskrit-Begriff Yoga aus der Wurzel *yui,* «ins Joch spannen», «anschirren», «zusammenbinden», «festhalten». Es geht daher im Yoga um die Mittel zur Vereinigung des individuellen Selbst mit dem absoluten Bewußtsein (Brahman), d. h. um die Beseitigung der Hemmnisse und Hindernisse, die diesem Hochziel der indischen Spiritualität entgegenstehen. Trotz dieser an sich klaren Zielsetzung erweckt der Begriff Yoga beim westlichen Menschen die verschiedensten Vorstellungen, die oft wenig mit dem zu tun haben, was Yoga wirklich will und bedeutet.

Der Grund liegt u. a. darin, daß die Wege zum eigentlichen Ziel des Yoga äußerst verschieden sein können, daß es eine Vielzahl von Yogaarten gibt. Es hat deshalb immer wieder Versuche gegeben, diese verschiedenen Wege zu charakterisieren und zu gruppieren. Bereits die Bhagavad-Gita zählt mehrere Yogaformen auf, von denen jede eine besondere Art von Anerkennung erhält.[2] Vor allem ist es aber Patanjali, der jene Überlieferungen der Yogalehre, die sich in der Praxis bewährt haben, aufzeichnete und in ein grundlegendes System brachte.[3] Neben diesem «klassischen Yoga» existieren «populäre», unsystematische Yogaformen und vor allem die Yogas «magischer» und «mystischer» Struktur[4], zu denen auch die Yogaformen mit tantristischem Hintergrund gehören.

Nach Jaideva Singh werden in Indien all diese verschiedenen Yogas in zwei Hauptgruppen unterteilt, nämlich in *vivekaja marga* oder der Weg der Auseinandersetzung oder *Unterscheidung* und *yogaja marga* oder der Weg der *Vereinigung oder Verschmelzung*.[5] Der klassische Yoga des Patanjali und des Vedanta des Shankara sind Wege der Unterscheidung. In Patanjalis System meint Yoga nicht Verschmelzung mit der weiblichen Urkraft, sondern intensive abstrakte Meditation. Der tantrische Weg – und zu diesem ist grundsätzlich auch der Siddha-Yoga zu rechnen – geht den Yogaja Marga, d. h. den anderen Weg der Verschmelzung des individuellen Selbst (Purusha, Atman) mit dem universellen Selbst (Bhairava). Dieser Prozeß ist die *Erfahrung* des Universums als dessen Shakti oder spirituelle Energie. Nicht die Ablehnung des Universums ist das Ziel, sondern dessen Wiedervereinigung mit seinem Ursprung.

Die gleiche grundsätzliche Unterteilung macht auch A. Avalon. Die erste Yogarichtung bezeichnet er als *Dhyana (Meditation)-Yoga*, die zweite als *Kundalini-Yoga*. Im Kundalini-Yoga werden die Grundlagen, wie sie im klassischen Yoga Pantajalis aufgezeichnet sind, nicht etwa außer acht gelassen. Siddha-Yoga sagt sogar von sich, in ihm sei die Essenz aller Yogawege auf natürliche Weise eingeschlossen.[6] Eigentliche Grundlage des Kundalini-Yoga ist indessen die schaffende und erhaltende Kraft der Shakti des Körpers als Kundalini, welche «tatsächlich und wirklich» mit dem Gottesbewußtsein (Shiva) verschmilzt. Es ist dieser Verschmelzungsprozeß, der dem Yogi jene Frucht – *samadhi* – einbringt, die der Jnana-Yogi unmittelbar, d. h. ohne diesen Prozeß, zu erreichen vermag. Im Kundalini-Yoga erreicht der Yogi *samadhi* auf dem Wege der Verbindung mit der Kundalini, wodurch er in den Genuß einer Erfahrung kommt, die dem Jnana-Yogi unbekannt bleibt: der «Verschmelzungswonne.»[7]

Nun ist der Kundalini-Yoga gewiß kein leichter Weg und besonders für den Abendländer nicht ohne Gefahren.[8] Trotzdem steht dieser Weg in Indien in hohem Ansehen, so daß viele die Kundalini in sich zu erfahren versuchen. Auf die Frage, ob man denn auch ohne diese Erfahrung vorankommen kann, antwortet der Shastra: «Es hängt ab von deinen Kräften und von dem, wonach du strebst.»[9] Wer die Verschmelzungswonnen in der Shiva-Shakti-Union kosten und die damit verbundenen magischen Kräfte (Siddhis) erfahren will, braucht diese Yogaform. Wer aber nach der endgültigen Erlösung trachtet und diese erreichen kann, ohne die Kundalini zu erwecken, für den ist dieser Yoga nicht erforderlich.

Diesem Verschmelzungsprozeß und der damit verbundenen Verschmelzungswonne kommt im Blick auf das Anliegen dieses Buches höchste Bedeutung zu. Bei dieser im Kundalini-Yoga charakteristischen Erfahrung handelt es sich im Prinzip um den gleichen psycho-energetischen Vorgang, wie er im chinesischen Lebensbuch *Das Geheimnis der goldenen Blüte* beschrieben ist. «Aber wenn er die Methode des Schmelzens nicht kennt», sagt der Text, «so ist zu fürchten, daß das Lebenselixier schwerlich zustande kommt»[10]. Voraussetzung des Schmelzprozesses ist die Anfachung des «kosmischen Feuers» (d. h. der Kundalini), welches dem geheimen Feuer unter dem Schmelzofen der Alchemisten, dem *Ignis innaturalis,* entspricht. Erinnern wir uns in diesem Zusammenhang daran, daß der Heilige Geist in der Gestalt von feurigen Zungen auf die Apostel niederkam[11] und ihnen zu außerordentlichen Kräften – die Inder würden sagen: zu Siddhis – verhalf. Schließlich kann die Verwandtschaft der Verzückungen christlicher Mystiker mit den Verschmelzungswonnen des Tantrikers wohl kaum mehr übersehen werden.

4.1. Siddha-marga: der Pfad der Vollendeten

Das letzte Ziel, die Selbstverwirklichung, kann man also auf verschiedenen Wegen erreichen. Sowohl die heiligen Schriften Indiens als auch die Erfahrungen der Yoga-Beflissenen machen aber deutlich, daß all diese Pfade äußerst hart und schwierig sind und daß darum jeder, der einen Yogaweg geht, mit viel Mühsal und Enttäuschungen rechnen muß. Die *Katha Upanishad* sagt: «Heilige erklären, diese Wege seien ebenso schwer zu gehen wie das Überqueren eines Rasiermessers auf geschärfter Klinge.»[12] Es brauche darum viele Erdenleben, um das letzte Ziel zu erreichen; Menschen, die so erhaben sind, daß sie erkennen, daß Gott das All ist, seien schwer zu finden.[13]

Ein Suchender mag sich deshalb fragen, ob es denn nicht irgendeinen andern Pfad gibt. «Sicher», sagt Swami Muktananda, «es gibt einen andern Weg. Es ist eine einfache Disziplin, die man von einem Sadguru empfängt. Wenn er seinen Segen schenkt, wird der ganze Weg des Sadhana einfach, verständlich und mühelos. Er ist als der *Weg der Siddhas* bekannt.»[14] Dieser Weg wird auch als *gurukripa,* die Gnade des vollkommenen Meisters bezeichnet, die dem Schüler einen einfachen Pfad, eine Abkürzung abseits des unzugänglichen Wegs des Sadhana finden läßt. Dieser Yoga heißt Siddha-Yoga, weil er nur durch einen Siddha[15], einen vollkommenen Yogi, zur Vollkommenheit gebracht werden kann. Aus diesem Grund ist er auch als Maha-Yoga bekannt, da in ihm das Wesentliche aller Yogaarten eingeschlossen ist.[16]

Das Herz des Siddha-Yoga ist also nicht eine Technik, sondern die Beziehung zu einem Siddha, zu einem vollkommenen Guru. Durch ihn erhält der Schüler *shaktipat,* einen «Gnadenstoß», der ihn auf den innern Pfad setzt und ihn jenen außerordentlichen Erfahrungen zuführt, die seinem jeweiligen spirituellen Stand entsprechen. Die Erfahrungen werden durch das Erwachen der *Kundalini* bewirkt, die für den Schüler jene Arbeit leistet, die ein Yogi, dessen Kundalini nicht erweckt ist, aus eigenen Kräften erbringen muß. Entscheidend für den Siddha-Weg ist, daß die Aktivierung der Kundalini durch den Guru genau in dem Maß von Intensität erfolgt, daß der Schüler wohl auf dem für ihn kürzesten Weg zum Ziel hingeführt wird, aber durch das Wirken dieser kosmischen Kraft dabei keinen Schaden nimmt. Wenn diese Grundvoraussetzungen – die Beziehung zu einem vollkommenen Meister, dessen Kraftübertragung *(shaktipat)* und durch diese die Erweckung der Kundalini – gegeben sind, dann fängt der Schüler an, im Verlauf seines Sadhana und in seinen Meditationen auf natürliche Weise Yogapraktiken wie Mantra-Yoga, Hatha-Yoga, Laya-Yoga und Raja-Yoga zu vollziehen. All dies zusammen bildet im wesentlichen jenen Weg, der als Siddha-Yoga verstanden wird und auf dessen Komponenten ich im folgenden näher eingehen möchte.

4.2. Der Guru

Grundsätzlich kennzeichnend für den Yoga ist nicht nur seine praktische Seite, sondern auch seine Initiationsstruktur. Man lernt den Yoga nicht allein; es bedarf der Leitung durch einen *Meister (guru)*.[17] Während aber der Yoga als Technik im Westen als eine östliche Errungenschaft von höchstem spirituellen Wert anerkannt wird, ist die Institution des Guru im Verlauf der Missionstätigkeit indischer Bewegungen immer mehr ins Zwielicht geraten. Aus dem Raume der westlichen Wissenschaft wird vielen der neueren Gurus ihr Eklektizismus vorgeworfen, der den Schüler aus vielem vieles herauspicken lasse und dadurch letztlich echte mystische Erfahrung verhindere. Nach Aghananda Bharati[18] ist eine *echte Tradition* – welche immer sie auch sei – unabdingbare Grundvoraussetzung für den mystischen Weg. Viele Gurus enthalten aber die Quellen, auf die sie sich berufen, ihren Anhängern vor oder erklären deren Studium für überflüssig. Statt dessen vermitteln sie oft eine eigene neue, meist stark synkretistisch geprägte Lehre. Andere Ansatzpunkte westlicher Kritik an den missionierenden Gurus sind die bei einigen von ihnen zu beobachtende Tendenz zur Kommerzialisierung ihrer Bewegung, das Senken des traditionellen Standards, fragwürdige Propaganda- und Rekrutierungsmethoden usw., Praktiken, die vor allem in den USA angenommen worden sind. Was in Westeuropa oft Antipathien gegen indische Bewegungen auslöst, sind weniger die indischen als die amerikanischen Elemente, die sie auf dem Umweg über Amerika angenommen haben.[19]

Aber auch in Indien stößt das Gebaren verschiedener Gurus auf Kritik. Viele Inder empfänden heute den Export von Gurus in den Westen als das unerfreulichste und überflüssigste Exportgeschäft, das Indien machen könne, meint R. Hummel[20]. Ihre Angst, das unwürdige Gebaren einiger Gurus im Westen und im Osten sei dem Ansehen der dem Inder heiligen Gurutradition abträglich, ist in der Tat begründet. So hält auch Swami Muktananda mit seiner Kritik nicht zurück.

> Die Zahl sogenannter Gurus hat sich in der Welt vervielfacht, und jeder nimmt die Bezeichnung gern für sich in Anspruch.... Wer immer sich auf der Bildfläche präsentiert, bringt meist auch seinen eigenen Kult mit. Er war nie Schüler eines Meisters, drängt aber die eigenen Gedanken gerne andern auf.... Nach und nach verliert man den Glauben, hält die ganze Sache schließlich für einen Schwindel und wird nun auch einen wirklichen Meister ablehnen.[21]

Damit stellt sich die Frage nach dem eigentlichen Wesen des Guru. Die Tradition seiner Verehrung ist uralt, und die große Bedeutung des Guru für jeden, der sich einer Yogadisziplin unterzieht, geht aus vielen heiligen Schriften Indiens klar hervor. So sagt der Ishvara-Branidhana-Text der *Yoga-Sutras,* daß der Urguru aller Gurus, die von Zeit zu Zeit auftreten, Gott allein sei.[22] Der Guru wird hier also mit Gott gleichgesetzt, was besagt, daß der Guru keine materielle oder geistige Form besitzt. Er ist die Keimkraft der alldurchdringenden Erkenntnis und ohne Begrenzung durch die Zeit. Wer also auf dem Yogaweg Weisung erteilen will, muß nach dem Yoga-Sutra vom Urguru oder Gott unterwiesen, d. h. selbstverwirklicht sein. Dieser Satz steht nach J. W. Hauer[23] wie eine eherne Gesetzestafel am Eingang des Yogawegs, der überall und zu allen Zeiten – auch für den Analytiker – gilt: Wer Menschen zum Heil führen will, muß selber im Heil stehen, das aus dem Urschöpferischen kommt. Auch die Shiva-Sutras sagen: *«gururupayah»*[24]. Das bedeutet, allein der Guru, der Selbstverwirklichung erreicht hat, kann dem Schüler helfen, diese zu erreichen. Deshalb kann der Guru als die Kraft der göttlichen Gnade bezeichnet werden. Kshemaraja zitiert als Kommentar zu diesem Sutra einen Spruch aus dem *Mantrisirobhairava*: «Des Gurus Gnadenkraft im Munde des Guru innewohnend ist größer als der Guru selbst.»[25] Auch die Upanishaden betonen die Notwendigkeit des Gurus für den Schüler: «Vielen gelingt es nicht, von dem (Selbst) auch nur zu hören; viele, obschon sie von ihm hören, erkennen es doch nicht. Wie ein Wunder ist ein geschickter Erklärer, der es erfaßt; wie ein Wunder ist ein verständnisvoller Schüler, der von einem geschickten Erklärer unterrichtet wird.»[26]

Die lebendige Beziehung eines reifen Schülers zu einem «Meister, der im Heil steht», wird also in vielen Traditionen Indiens nicht nur als eine große Hilfe, sondern geradezu als eine conditio sine qua non für eine erfolgreiche Yogapraxis betrachtet. Auch im Siddha-Yoga ist – was schon sein Name besagt – diese Beziehung Voraussetzung und Essenz des spirituellen Wegs des Schülers. Denn nach alter Siddha-Tradition kann der Mensch, obschon das Göttliche potentiell in ihm wohnt, ohne die Hilfe und die Gnade eines lebenden Gurus keine Befreiung erreichen, und es gibt auch keinen Ersatz für ihn. «Gururupayah», sagen die Shivasutras, «der Guru ist das Mittel»[27]. Der Guru ist dem Schüler auf seinem Weg das Vorbild, weil er im Höchsten Sein unmittelbar verankert ist. Er ist es, der den Prozeß im Schüler in Bewegung setzt, indem er auf ihn seine spirituelle Energie überträgt (Shaktipat), um ihn dann auf immer auf seinem Sadhana zu begleiten, bis er schließlich ihm gleich geworden ist. *Wie ein Leben ohne Prana nicht möglich ist,* versichert Swami Muktananda,

> ist es ohne Guru praktisch kaum durchführbar, wirkliche Erkenntnis zu erlangen, die innere Kraft zu entwickeln, das Nichtwissen zu überwinden und das dritte, das geistige Auge zu öffnen. Mehr als einen Freund, den Sohn, den Bruder und sogar mehr als den Ehepartner brauchen wir den Guru. Wir benötigen ihn dringender als Wohlstand, Maschinen und Fabriken, Kunst und Musik, noch mehr als unsere Gesundheit und sogar mehr als das Leben selbst. Er überwacht die Wiedergeburt des Menschen, verleiht ihm Wissen, schickt ihn auf die geistige Reise und entfaltet die Liebe zu Gott in seinem Herzen. Er ist die Segenskraft, die unser inneres Shakti zur Entwicklung bringt.[28]

Der wichtigste heilige Text über die Guru-Schüler-Beziehung ist im Siddha-Yoga die *Guru-Gita*[29], der Gesang des Guru, welche ein Teil des Skanda-Purana ist und aus dem 8. Jh. n. Chr. stammt. In 182 Versen behandelt sie in Form eines Dialogs zwischen Shiva und seiner Gemahlin Parvati, der ewig jungen Uma oder Kundalini, das «Geheimnis des Guru». Die ersten 128 Verse erklären das Wesen des Guru oder die Essenz des Siddha-Yoga, während die übrigen Verse die Guru-Schüler-Beziehung behandeln. Swami Muktananda sagt von der *Guru-Gita,* sie sei so äußerst heilig, daß sie einen Unwissenden zur Erkenntnis, einen Schüler zur Selbstverwirklichung führen kann. «Die Guru-Gita ist der erhabene Gesang Shivas. Sie enthält das Wissen vom Absoluten, dem Yoga des *Selbst*»[30].

Jeden Morgen vor Sonnenaufgang werden im Ashram die 182 Verse dieser Hymne gesungen. Jeder sitzt dabei auf einem sauberen Platz, im Lotussitz oder in einer aufrechten Haltung, innerlich entspannt und ohne umzuschauen. Das Buch wird in der rechten Hand gehalten, die linke ruht über dem linken Knie, lauten die Anweisungen. In den einleitenden Versen wird zuerst der Gott Sadashiva als der Seher der Mantren dieser Hymne, der *Guru-Gita,* angerufen. Singen will der Schüler die Hymne, um die vier Werte des Lebens zu verwirklichen (Dharma-Rechtschaffenheit; Artha-Wohlstand; Kama-Freude; Moksha-Erlösung). Dann erzählt die Sutra:

1. *Einst, als der Gott Shiva, der das Geheimnis der Hingabe kennt, auf dem herrlichen Berg Kailas saß, verneigte sich Parvati in Ehrerbietung vor ihm und stellte eine Frage:*

2. *O Du Gott der Götter, dessen wahre Natur Om ist!*
   O Du größter Meister der Welt!
   O Du gütiger, großer Gott!
   Weihe mich in das Geheimnis des Gurus ein.

Der Herr antwortet:

4. *O Göttliche, du bist mein eigenes Selbst.*
   Ich spreche aus Liebe zu dir.
   Keiner hat jemals diese Frage gestellt,
   die ein Segen für alle ist.

5. *Ich enthülle das unerforschliche Mysterium aller drei Welten.*
   Höre! Es gibt keinen Unterschied zwischen dem Absoluten und dem Guru.
   Das ist die Wahrheit, das ist die Wahrheit!

9. *Der Guru unterscheidet sich nicht vom Selbst, vom Bewußtsein.*
   Das ist ohne jeglichen Zweifel die Wahrheit, die absolute Wahrheit.
   Deshalb muß der weise Mensch den Guru suchen.

Vers 18 erläutert dann die vier Aspekte der Beziehung zum Guru:

> 18. *Meditiere unaufhörlich über die Erscheinungsform des Guru, wiederhole ständig seinen Namen, verwirkliche seine Anweisungen, denke an nichts anderes als den Guru.*

Folgt der Schüler diesen Anweisungen, dann werden die Früchte nicht ausbleiben:

> 21. *Der höchste Zustand ist leicht*
> *für denjenigen erreichbar,*
> *der über seinen Guru mit absoluter Hingabe meditiert.*
> *. . .*

Verse 23 und 24 erklären dann die Bedeutung des Wortes Guru:

> 23. *Die erste Silbe «Gu» bedeutet Dunkelheit,*
> *die zweite «Ru» Licht.*
> *Der Guru ist ohne Zweifel Brahma,*
> *der alle Dunkelheit vertreibt.*

> 24. *Die erste Silbe «Gu» weist auf die Eigenschaften und Maya hin und die zweite «Ru» auf das höchste Absolute, das von der Illusion der Maya frei ist.*
> *«Gu» stellt die niedere, manifestierte Welt dar,*
> *während «Ru» das höchste Absolute, das Unmanifestierte, darstellt.*

Der Guru ist darum für den Schüler von existentieller Bedeutung:

> 35. *Du bist mein Vater, Du bist meine Mutter,*
> *Du bist mein Bruder, Du bist mein Gott.*
> *Sei gegrüßt, o Guru, Du Vermittler*
> *der wahren Erkenntnisse der Welt.*

Von der Guru–Schülerbeziehung sagt dann die Gita, daß deren Grundlage im Opfer des persönlichen Ego bestehe:

82. *Diene dem Guru beständig mit Verstand und Rede.*
Es gibt nichts Größeres als ihn.
Die Veden beschreiben Ihn
als «nicht dies, nicht das».

85. *Sogar solche, mit Selbstdisziplin, Lerneifer und Strenge fahren fort,*
sich auf dem Weltenrad zu drehen
wie Töpfe auf dem Töpferrad,
gebunden an ihren aufgeblasenen Stolz und Dünkel.

Der Guru setzt den Prozeß in Gang und thront im Herzen des Schülers:

109. *So wie ein Licht das andere entzündet,*
genauso verleiht der Guru die Erkenntnis des Höchsten Seins,
das unendlich, nicht wahrnehmbar
und ohne Form noch Eigenschaft ist.

113. . . .
Er thront im Zentrum des Herzens,
rein und glänzend wie ein Kristall.

Der Weg ist schwer, aber die Meditation auf den Guru führt zur Befreiung:

116. *O Parvati!*
Das Absolute ist seiner Natur nach unfaßbar, schwer zu erreichen, jenseits von Name, Form und Klang.
Wisse dies!

119. *Ein Anhänger wird durch Meditation zum Guru göttlich.*
Es besteht kein Zweifel, daß derjenige, dessen Kundalini erwacht ist, dessen Prana beständig ist und der die blaue Perle sieht, wahrlich befreit ist.

Mit dem Guru ist also mehr als ein besonders begnadeter Mensch gemeint. Guru im eigentlichen Sinn ist ein transzendentes, ein göttliches Prinzip, das in der bedingten Form eines menschlichen Guru in seiner ganzen Fülle gegenwärtig ist. Da das Ziel eines recht verstandenen Yoga die Verwirklichung dieses Guruprinzips im Menschen ist, bedeutet dies, daß mit der Schüler-Guru-Beziehung keinesfalls eine bedingungslose Abhängigkeit des Schülers vom menschlichen Guru gemeint ist, sondern im Gegenteil die absolute Befreiung von jeder Abhängigkeit und damit schließlich auch von jener äußeren Bindung, die das Meister-Schüler-Verhältnis für eine bestimmte Zeit in sich schließt.

Ein echter Guru, ein vollkommener Meister, ein Siddha führt darum den Schüler auf natürliche Weise aus der ursprünglich notwendigen Bindung wieder heraus. Überall dort, wo sich dieser Ablösungsprozeß nicht einstellt, wo ein Schüler in Abhängigkeit gehalten wird, ist zu vermuten, daß es sich nicht um den Guru der Upanishaden, der Yoga-Sutras oder der Shiva-Sutras handelt, sondern um einen Menschen, der jenem Archetypus verfallen ist, den Jung den Archetypus der Mana-Persönlichkeit nennt. Das sind dann jene Gurus, die der «Versuchung in der Wüste»[31], nämlich den «Königreichen dieser Welt und ihrer Herrlichkeit»[32], nicht widerstanden, d. h. dem Machtprinzip verfielen. Die Gefahr besteht nun aber darin, daß nicht nur der *Guru,* sondern auch man selbst diesem Archetyp verfällt, auch wenn ein anderer dessen Maske trägt. Meister und Schüler sind in diesem Sinn dasselbe.[33] Ein wirklicher Guru bedeutet Liebe und nicht Macht.

Das Wort Guru erschöpft sich also nicht in der Bezeichnung eines menschlichen Lehrers. Es ist vielmehr das, was Jung als *Symbol* bezeichnete, nämlich als ein Bild oder eine Manifestation eines zum größten Teil bewußtseinstranszendenten Inhalts.[34] Das Wort Guru bezeichnet zunächst einen Menschen und Meister, der seine Schüler aus dem Dunkel der Unwissenheit (Gu) zum Lichte der Erkenntnis (Ru) führt. Dann steht das Wort Guru auch für Gott und das Universum als eine Manifestation Gottes, und schließlich ist der Guru nichts anderes als das innere Selbst des Schülers, von dem die *Guru-Gita* sagt: «Dieser zweiäugige und friedvolle Gott sitzt im weißen Lotus innen im Sahasrar . . .». Wenn der Schüler auf diesen Guru meditiert, erlangt er Befreiung. Er wird sich bewußt: Ich bin Er, *so 'ham*[35], oder – in Abwandlung eines biblischen Wortes: Ich und der Guru sind eins.

Aus dieser Sicht wird verständlich, warum dem Guru göttliche Attribute zugesprochen und göttliche Verehrung zuteil werden. Diese Verehrung bedeutet also keine Vergötterung eines menschlichen Wesens, obschon dies dem nichtkundigen Abendländer oft so vorkommen mag und es leider oft tatsächlich auch so ist. Wenn der Guru kein wirklicher Guru ist, weil er selber nicht im Heil steht, und wenn Bedeutung und Funktion des menschlichen Guru vom Schüler nicht begriffen werden, kann es leicht zu dieser falschen Vergötterung kommen.

Der Guru ist ein Paradoxon, dem gerecht zu werden nicht nur dem Abendländer schwer fällt. Deshalb drängt Swami Muktananda auf das Studium der heiligen Schriften, insbesondere des Kashmirischen Shaivismus. Dieser geht von der Einheit der inneren und der äußeren Welt aus und sagt, daß alles, was existiert, nur eine Manifestation des innern Selbst, also identisch sei mit dem Guru. Versteht der Schüler, daß es sich beim Guru letztlich um sein eigenes inneres Selbst handelt, wird er vor den Gefahren der Übertragung und der falschen Abhängigkeit vom Guru bewahrt werden. Die Erkenntnis der Institution des Guru ist auch darum notwendig, damit man einen wahren von einem falschen Guru unterscheiden kann. Im Siddha-Yoga werden deshalb dem Schüler sieben Kriterien auf den Weg gegeben, die ihm neben dem Studium der Siddha-Tradition helfen sollen, einen echten von einem falschen Guru zu unterscheiden:

- Der wahre Guru kennt die heiligen Schriften, denn er muß fähig sein, diese dem Schüler zu vermitteln.
- Der wahre Guru ist vollkommen erleuchtet. (Hier wird allerdings eingeräumt, daß dies schwer zu erkennen ist.)
- Er muß fähig sein, Shaktipat zu übertragen, d. h. die Kundalini zu erwecken.
- Er muß fähig sein, die Shakti zu beherrschen. (Ein wegen der Gefahr psychischer Störungen besonders wichtiges Postulat.)
- Er muß selbst Schüler eines Sadguru, eines vollkommenen Meisters, gewesen sein, der einer Tradition angehört.

- Er muß von diesem Guru den Auftrag erhalten haben, selbst Guru zu werden.
- Nach einigem Zusammensein mit dem Guru sollte der Schüler erkennen, daß er sich innerlich und äußerlich in positivem Sinne zu verändern beginnt. Auch sollte er sich dessen, *was* in ihm geschieht, bewußt werden.

Dennoch kann man niemals hundertprozentig sicher sein. «Der wirkliche Führer», schreibt G. R. Heyer, «sei ein ethischer Appell, *daß,* aber kein Knigge, *wie* es ein jeder machen soll. Der wahre Führer will nicht Leithammel sein für Träge und Dumme, sondern eine schwere Forderung. Jedes Vorbild verweist uns, so wir es richtig verstehen, immer wieder auf den Mut und das Vertrauen *zum Führer in uns selbst.*»[36]

4.3. Shaktipat

In den meisten spirituellen Traditionen des Ostens ist die Notwendigkeit der Förderung und des Unterrichts durch einen Meister eine grundlegende Voraussetzung. So ist dies beispielsweise auch im Taoismus der Fall. Er unterscheidet dabei zwei Arten des Unterrichts, nämlich eine «rationale Lehrart» (Li Hüo) und eine «mystische Lehrart» (Dan Hüo). Diese zweite Lehrart läßt sich nach Erwin Rouselle[36] eigentlich überhaupt nicht in Worte fassen, da sie gewissermaßen vom Meister auf den Schüler überströmt. Sie ist das, was man im eigentlichen Sinne «Schule der Überlieferung» (Tschuan Men) nennt, die wortlose Überlieferung. Dieses wortlose Überströmen vom Meister auf den Schüler im Taoismus ist dasselbe, was in der Siddha-Tradition mit Shaktipat (Kraftübertragung) oder Diksha (Einweihung) bezeichnet wird.

Nach der Siddha-Tradition kann echte spirituelle Erkenntnis nur erreicht werden, wenn der Sucher durch einen Guru initiiert wird. Diese Initiation wird als der Beginn der Enthüllung der höchsten Realität durch den Guru betrachtet. Wenn dieser dem Schüler seine spirituelle Kraft überträgt, wird in diesem ein psychisches Energiepotential, die Kundalini-Shakti, «automatisch» aktiviert und zur vollen Entfaltung gebracht. Diese Entfaltung ist weit mehr als bloß ein kinetisches Phänomen. Es handelt sich nämlich um die Erwekkung jener Energie, welche die alles übersteigende Fähigkeit besitzt, das gesamte Universum unabhängig und ohne jede andere Mitwirkung aus sich selbst heraus zu erschaffen[37]. «Diese göttliche Energie ist von der höchsten Wirklichkeit weder verschieden noch abhängig. Beide, die Realität und ihre göttliche Energie, sind Eins . . .»[38]

Die Literatur und die Traditionen Indiens unterscheiden verschiedene Diksha-Typen.[39] Auch im Siddha-Yoga werden drei verschiedene Arten von Diksha oder Shaktipat unterschieden, die vor allem durch ihre unterschiedliche Stärke gekennzeichnet sind. Obwohl der Guru seine Gnade gleicherweise allen Schülern austeilt, ist das Resultat doch verschieden. Swami Muktananda erklärt dies am Beispiel des Sonnenlichts: «Obschon die Sonne gleichermaßen überall hinscheint, wird ihr Licht von einigen der besonnten Flächen stärker reflektiert als von andern. Wenn des Gurus Shakti in einen Schüler eintritt, dessen Gemüt auf Grund seiner karmischen Vergangenheit gereinigt ist, wird sie äußerst stark wirken. Die Unterschiede der Wirkung in den Schülern werden durch diese vergangenen Eindrücke bestimmt . . .»[40] Die Schüler, welche Shaktipat erhalten, werden darum in drei Typen eingeteilt: die *Ameise,* den *Affen* und den *Vogel.*

Die *Ameise* bewegt sich langsam und braucht viel Zeit, um die Krone des Baumes zu erreichen und dort die Früchte zu kosten. Gleicherweise braucht der träge Schüler viel Zeit, bis sich in ihm Erfahrungen einstellen. Die Kryas sind sehr mild, und oft verspürt er zu Beginn überhaupt nichts. Der *Affe* dagegen springt von Ast zu Ast hinauf zu den Früchten in der Krone des Baumes. Ähnlich wirkt das Shaktipat im fortgeschrittenen Schüler, in welchem sich starke Erschütterungen und andere Kryas wie Asanas, Mudras und Pranayama und zu gegebener Zeit auch Samadhi-Erfahrungen einstellen. Der *Vogel* schließlich fliegt direkt auf den Gipfel des Baumes und genießt sofort dessen Früchte. So hat auch jener Sucher, der sein Sadhana eifrig schon in früheren Leben verfolgte, unmittelbare Erfahrungen wie Erschütterungen nach dem Shaktipat und erreicht den Samadhizustand durch rasche Konzentration auf das gewählte Objekt.[41]

Neben unterschiedlichen Intensitätsgraden während der Erteilung des Shaktipat gibt es auch verschiedene Formen der Einweihung. Im Siddha-Yoga werden deren vier genannt, nämlich jene durch Berührung, durch das Wort, durch den Blick und durch den Gedanken. In seinem Werk über die Erweckung der kosmischen Energie im Menschen, *Kundalini,* hat Swami Muktananda diese vier Einweihungsarten näher erläutert:

> Die zuerst erwähnte Einweihungsart heißt Sparsa Diksha, d. i. durch Berührung. Die Berührung kann jederlei Form haben. Im allgemeinen wird derjenige, der Shakti überträgt, den Punkt berühren, der Sitz von Kundalini ist ... Für die Berührung gibt es im wesentlichen drei Ansatzpunkte: der erste ist die Stelle zwischen den Augenbrauen, d. i. Ajna Chakra, der zweite ist das Herz und der dritte die Muladhara an der Wurzel des Rückgrats ...
>
> Die zweite Einweihungsmethode geschieht durch ein Wort, Mantra Diksha genannt, wobei die Shakti des Guru durch das Mantra in den Schüler eingeht. Der Guru, der das Mantra gibt, hat es selber lange Zeit während seiner spirituellen Übungsjahre wiederholt, hat die Kraft des Mantras realisiert und hat die Fähigkeit, es mit lebendiger Kraft aufzuladen ... Kundalini kann ... auf der Stelle erwachen, wenn der Guru das Mantra direkt in das Ohr des Jüngers flüstert.
>
> Die dritte Art ist die Erweckung durch den Blick, Drik Diksha. Nur wer die innere Schau besitzt, kann diese Einweihung geben. Auf den Bildern der großen Heiligen kannst du bemerken, daß die Augen nach innen gerichtet sind, dem innern Selbst zugewandt. Sind auch die Augen solcher Seher offen und scheinbar nach außen gerichtet, so ist ihre Aufmerksamkeit doch in Wirklichkeit nach innen gerichtet, ihrem innern Sein zugewandt. Nur wer unverrückbar in solcher Innenschau fixiert ist, kann Shaktipat durch Blick auslösen.
>
> Die vierte Möglichkeit schließlich ist die Erweckung durch einen Gedanken, Manasa Diksha. Der Guru denkt einfach daran, und die Einweihung ist schon geschehen.[42]

Natürlich kann der Guru je nach Verfassung des Schülers auch andere Formen der Einweihung wählen. So vollzog der Guru Muktanandas, Nityananda, die Initiation auch dadurch, daß er jemand beschimpfte oder Steine warf. Eine besondere Art von Diksha ist schließlich die Möglichkeit eines Shambhavi-Diksha, das direkt von Shiva erteilt wird. Nach A. Bharati rührt diese Vorstellung offenbar daher, daß es Personen gibt, die alle phänomenologischen Kriterien eines Siddha haben oder die einen geistigen Status spontan erreicht haben, der sonst nur durch den vorgeschriebenen Prozeß der Diksha-Praxis erlangt werden kann. Der im modernen Hinduismus bekannteste Fall eines Shambhavi-Diksha war die Umwandlung des jungen Naren Datta in den späteren Swami Vivekananda. Es wird erzählt, daß der große Heilige Ramakrishna Paramahamsa eines Morgens seinen Fuß auf die Brust des unbesonnenen und unwissenden jungen Mannes setzte. Naren fiel in Ohnmacht und war lange Zeit bewußtlos. Als er aus diesem Zustand der tiefen Trance erwachte, war der junge Mann eine verwandelte Seele. Nach Bharati ist die Moral der Geschichte, daß diese Dinge auch in unserem aufgeklärten Zeitalter geschehen.[43]

Von außergewöhnlichen Erfahrungen nach erhaltenem Shaktipat berichten auch viele Schüler aus dem Umkreis Swami Muktanandas. In seinem Buch *Die heilende Kraft* erwähnt J. H. Pierce den Bericht von Ron Resch, Direktor des Computer Geometry and Design Center an der Universität Boston.[44] Er erzählt:

> Nachdem Baba mich berührt hatte, sah ich mich selbst aus einer Position über meiner rechten Schulter. Mein Körper bestand aus grellem weißem Licht. Ich saß mit gekreuzten Beinen da, regungslos wie eine Statue, schwebte in der Schwärze des mich umgebenden Raums. Plötzlich stieg dann vom untern Ende meines Rückgrats ein kleiner, sehr intensiver Lichtstrahl wie eine startende Rakete auf und donnerte durch meinen Kopf. Er schoß weiter nach oben, explodierte und füllte den Himmel mit Sternen. Eine Weile später fiel das weiße Licht wieder herab, bildete eine Art Röhre aus feiner Gaze und legte sich wie Tau auf mich. Das untere Ende der Röhre war sehr hell und wogte wie ein Plasmaring, der auf dem Wasser hin- und herschaukelt. Der Ring und

> die Röhre umschlossen mich und versetzten einen Lichtkreis um mich herum in wellenförmige Bewegung. Gleichzeitig bemerkte ein anderer Sinn meinen Atem als *So-Ham,* das ganz deutlich mit dem sich bewegenden Ring aus Licht verbunden war.

Ron Resch erzählt dann weiter, wie sein akademischer Verstand dieses Erlebnis mit bestürztem Skeptizismus betrachtete und wie sein akademischer Skeptizismus schließlich vor der Kraft und der Schönheit seines Erlebnisses und dessen Nachwirkungen zurückwich.

Swami Muktananda hat einige dieser Erfahrungen wie folgt beschrieben:

> Ein Fluß von Energie, der wie ein elektrischer Strom innerhalb des Körpers läuft, die Erfahrung des Hohlraums innerhalb der Sushumna, pranische Auf- und Abwärtsbewegung in der Sushumna statt durch die Nase, Erfahrungen von Glück und Frieden, Zick-Zack-Bewegungen der Kundalini wie eine Schlange oder ein Frosch, Schwindelgefühle und das Gefühl der Leere, Hin- und Herschwingen des Körpers, Singen und Tanzen, Gefühle großer Liebe und Verehrung, Entzückung, Ameisenkribbeln in der Sushumna, verschiedene Asanas, Mudras und Pranayamas, Lachen, Weinen, Schwitzen, Prickeln der Kopfhaut usw.[45]

Swami Muktananda erinnert dann den Schüler an den wesentlichen Punkt all dieser Ereignisse: was immer ihm passiert, ist gut. Durch all diese Kryas wird er nur gestärkt.

«Dem unbeteiligten Zuschauer mag all dies recht fremd, sogar beängstigend vorkommen», schreibt Swami Muktananda in seinen Erinnerungen.

> Der betreffende Schüler hingegen ist von solcher Furcht nicht berührt; er empfindet in diesen Bewegungen eine Art Trunkenheit, Ekstase, ein Leichterwerden des Körpers und physisches Wohlbefinden.[46]

Shaktipat ist offensichtlich ein Vorgang, der sich dem rationalen Begreifen weitgehend entzieht. Auf folgende Punkte kommt es vor allem an: 1. Im Menschen existiert ein latentes psychoenergetisches Potential. 2. Ein wahrer Guru ist in der Lage, dieses Potential zu wecken und in Bewegung zu setzen. 3. Die Tätigkeit dieser geweckten Kraft ist ihrerseits wieder durch zwei Kriterien charakterisiert, nämlich einerseits durch die Menge oder Intensität und anderseits durch das Ausmaß ihrer Beschleunigung. 4. Maßgebend für die Art der Erfahrung ist die persönliche Reife des Schülers. 5. Der Guru muß in der Lage sein, den Reifegrad des Schülers zu erkennen, sonst kann die Erfahrung der Kraft für den Schüler zu einer Gefahr werden oder allenfalls einfach wirkungslos bleiben. 6. Die durch diese Kraft bewirkte Wandlung will die Gegensätze nicht überspringen, wie es bei den Yogaarten ohne Kundalinierweckung der Fall ist, sondern verschmelzen oder vereinigen. Hier ist auch die bereits erwähnte Verwandtschaft zur westlichen Alchemie zu sehen.

4.4. Kundalini

> Die Kundalini bereitete mir über längere Zeit einiges Kopfzerbrechen! Immer hörte ich von einer Schlange namens Kundalini, sah sie auch überall gezeichnet, aber begreifen konnte ich das Ganze trotzdem nicht. Um mit Goethes Faust zu sprechen: ‹die Botschaft hör ich wohl, allein mir fehlt der Glaube!› Ich konnte mir beim besten Willen nicht vorstellen, daß sich am Anfang meiner Wirbelsäule eine zusammengerollte schlafende Schlange befinden sollte, die jeden Moment zu erwachen drohte und mir dann die Wirbelsäule hinaufkriechen würde. Diese Vorstellung fand ich äußerst unangenehm, zumal Schlangen noch nie zu meinen Lieblingstieren gehört haben.

Dieses Bekenntnis stammt von der Übersetzerin des Chakrabuches von Harish Johari[47], Gudula Blau, und dürfte wohl das ausdrücken, was die meisten westlichen Menschen empfinden, wenn sie von Kundalini hören. In der Tat ist es fast unmöglich, ohne eigene Erfahrung wirklich zu begreifen, daß es sich um mehr handelt als um bloße Metaphern für diffuse psychische Inhalte, nämlich um genaue Beschreibungen eines *wirklich und tatsächlich,* d. h. mit Körper, Seele und Geist erfahrenen besonderen Energiestromes. Andererseits kann ein Leser z. B. mit einer Vorstellung, die Kundalini bewege sich im «Froschsprung», kaum etwas anfangen, wenn er diese besondere Art von Energieschub noch nie in sich erfahren hat. Auch beim gutwilligsten Leser wird da wohl meistens ein kritisches «kann sein, kann nicht sein» zurückbleiben. Und doch ist die Existenz dieser Kraft über Jahrtausende bei allen Völkern bezeugt, und sie wird auch heute wieder von Menschen in Ost und West erfahren und bestätigt. Wie wohl keine andere Yogaart hat darum der Kundalini-Yoga nicht nur die Seele Indiens, sondern auch die Menschen im Westen immer zu neuen Spekulationen über das Wesen dieser Kraft angeregt. Auch C. G. Jungs Erkenntnis über die Zweckmäßigkeit der unbewußten Tendenzen für die Persönlichkeitsentwicklung wurde durch die reiche Symbolik des Kundalini-Yoga beeinflußt. «In diesem Forschungszweig», schreibt Jung,

> «haben sich wichtige Parallelen mit dem Yoga ergeben, speziell mit dem Kundalini-Yoga und der Symbolik des Tantra-Yoga, des Lamaismus und des taoistischen Yoga in China. Diese Yogaformen mit ihrer reichen Symbolik liefern mir die wertvollsten Vergleichsmaterialien für die Deutung des kollektiven Unbewußten.»[48]

Man kann in den Erfahrungen der Kundalini wohl das Wirken eines Archetyps vermuten, nämlich *des Urbilds der Verlorenheit und des Drangs nach Heimkehr der menschlichen Seele.* Nach der Kosmologie des Tantra-Yoga, zu welchem auch der Kundalini-Yoga gehört, gibt es im Universum nichts, was nicht auch im menschlichen Körper wäre. Der Grundsatz in der Tabula Smaragdina *Wie oben, so unten* gilt auch im Tantrismus. Die schöpferische Kraft Gottes ist sowohl im Universum als Mahakundalini als auch im Mikrokosmos, im Menschen, als Kundalini. Kundalini ist der schaffende Aspekt der Göttin Shakti, d. h. des mütterlichen Aspekts des reinen, statischen Bewußtseins, Shiva genannt. In ihrer Emanation als grobstoffliches Universum hat diese schaffende mütterliche Kraft ihre größtmög-

Abb. 6

Kumbakolam, Sarngapani Tempel,
Gottheit mit fünfköpfiger Schlange
(Privataufnahme des Verfassers)

liche Einengung oder Vergröberung und damit auch ihr letztes Ziel erreicht. Ihr schöpferischer Aspekt «rollte» sich dann bildlich gesprochen zusammen und «schläft» nun im Innern der Schöpfung als letzter und auch tiefster Täuschungseffekt der Maya, welcher den Menschen von seiner wahren Heimat, dem reinen Bewußtsein Shivas, trennt.

Die Heimkehr der Seele strebt nun der Kundalini-Yoga an, indem er mit bestimmten Methoden diese schlafende Energie weckt. Sie wird ihm zur Führerin zurück zum Paradies, dem Zustand jenseits der Gegensätze, den er verloren hat. Der Weg zurück bedeutet aber gleichzeitig auch das stufenweise Rückgängigmachen der Schöpfung im Mikrokosmos: was früher durch den Abstieg in die Schöpfung erschaffen wurde, wird im Aufstieg wieder stufenweise aufgelöst. Die Auflösungsstufen werden als Chakras bezeichnet. Ausgangschakra des Prozesses ist das Muladhara, das Wurzelchakra, bis schließlich im siebten und letzten Chakra, im Sahasrar, im tausendblättrigen Lotus, auch die subtilsten Formen alles Geschaffenen aufgelöst sind und in ihren Ursprung, in Shiva, zurückfließen. Kosmologisch gesehen entspricht dieser Vorgang im Tantrismus dem Entstehen der Welt und dem Weltuntergang. Die vom Yogi so erlebte stufenweise Auflösung entspricht aber andererseits dem, was Dürckheim als *Durchbruch zum Wesen* bezeichnet, als eine Geburt ins Transzendente. Es wäre allerdings falsch anzunehmen – was der Westen gerne zu tun geneigt ist –, der Yogi erlöse sich durch die Techniken des Kundalini-Yoga selbst. Das große Werk gelingt nicht aus dem Ichwillen des Yogi heraus, sondern durch die Gnade des Guru, durch Guru-Kripa.

Der Versuch einer breiteren Darstellung des Kundalini-Phänomens würde den Rahmen dieses Buches sprengen. Über dieses Thema besteht eine reichhaltige Literatur, auf die verwiesen sei. Im folgenden möchte ich drei Aspekte genauer darstellen: zunächst die religiöse Bedeutung der Kundalini im Lichte des Siddha-Yoga; dann wichtige kinetische und prozessuale Aspekte und schließlich die Parallelen der Kundalinierfahrung zum Individuationsprozeß[49].

Im ersten Sutra des *Pratyabhijnahrdayam* wird die Natur der Kundalini als *chiti,* Bewußtseinskraft, bezeichnet, die das Universum aus ihrem freien Willen heraus erschafft. Vom höchsten Shiva nicht unterscheidbar, ist sie der Ausgangspunkt der Schaffung, Erhaltung und Auflösung des Weltalls[50]. Durch intensives Studium der Heiligen Schriften – insbesondere des Kashmirischen Shaivismus – erweitert der Siddha-Yoga-Schüler immer mehr sein Verständnis für solche philosophisch-weltanschaulichen Vorstellungen. Durch seine Erfahrungen wächst er dann aber über solche intellektuellen Einsichten hinaus in einen persönlichen Bezug zu dieser kosmischen Kraft, so daß er dann auch psychisch, in seinem Gefühl, aufs stärkste angesprochen wird. Denn Chit-Kundalini wird dann für ihn auch die Mutter! «Sie ist die Weisheit der Weisen, die Tätigkeit der Tätigen, die Liebe, ja die Gottrunkenheit des hingebenden Schülers, die Schönheit der ganzen Welt», schreibt Swami Muktananda in seinen Erinnerungen. In hymnischen Worten wendet er sich dort an diese göttliche Kraft:

> *Oh göttliche Mutter Chiti! Du bist Parashivas pulsende Energie, sein geliebter Gefährte, sein dynamischer Ausdruck. Du hast das Weltall bewirkt, als Du die fünf Elemente schufst. Du bist Sonne, Sterne und Planeten ... Du manifestierst in Deinem eigenen Wesen eine unendliche Schöpfung, mannigfaltig wie einzeln, und bleibst doch erhaben und unbeteiligt, unablässig in göttlicher Herrlichkeit thronend. Du bist erreichbar durch die Veden, Vedanta, die Heiligen Schriften und Mantras.*
>
> *Oh erhabene Gottheit der Suchenden! Oh Yogini Kundalini. Oh Guru! Liebe Spendende! Dynamische Kraft! ... Mein Dasein verdanke ich Dir. Liebste Mutter, Du bist die Kraft hinter meiner Erweckung. Im Gefährt der blauen Perle erscheinst Du meinen Schülern in ihren Visionen in meiner Form und stärkst ihre Glaubenskraft*[51].

In geradezu ekstatischen Worten preist hier Swami Muktananda die Größe und Herrlichkeit der Kundalini. Diese Sprache mag wohl viele, die keine persönliche Erfahrung mit dieser Kraft haben, befremden, und voreilige Psychologen werden zur eigenen Beruhigung rasch zum Begriff der Inflation greifen. Eine solche Sprache ist aber dem, was sie beschreibt, dem Erlebnis eines Numinosum und Faszinosum, angemessener als die Sprache des Wissenschaftlers, die zwar objektiv Phänomene beschreiben, den Qualitätsgehalt der emotionalen subjektiven Erfahrung aber nicht ausdrücken kann. Denn wer sich der Kundalini durch eigene Erfahrung nähert, weiß, daß er «Heiliges Land» betritt, das nur in der richtigen Geistesverfassung zu betreten ist. Wer immer sich der Schlangenkraft nähert, sollte eingedenk bleiben, daß es gefährlich ist, sich ihr zu nähern. «Es sei denn», sagt Swami Yatiswarananda, «daß wir wie Shiva jenes Gift zu trinken vermöchten und daß wir unbeirrbar und standhaft jenen Weg zur Vergeistigung gehen, mit der einen und einzigen Absicht, den Trank zu finden, der uns unsterblich und gesegnet macht.»[52]

Wesen und Bedeutung der Kundalini entziehen sich offensichtlich einer nur phänomenologisch-analytischen Betrachtungsweise. Andererseits wird der Schüler ohne eine theoretische Grundlage kaum richtig beurteilen können, was seine Erfahrungen für ihn bedeuten und auf was sie abzielen. Er wird darum immer wieder auf das Studium der Heiligen Schriften verwiesen. In einer kurzen Untersuchung wollen wir uns deshalb einigen wesentlichen Aspekten der Kundalini-Shakti zuwenden.

Prana und Nadis

Auf Grund seiner Studien weiß der Siddha-Schüler, daß die Kundalini als göttliche kosmische Kraft in ihrer Emanation als *Seele* und *Stoff* erscheint, d. h., daß sie u. a. auch sein ganzer sich bewegender Körper ist. Am Ende der Wirbelsäule im Muladhara-Chakra wohnend, kontrolliert sie das ganze physiologische System des menschlichen Körpers über ein Netzwerk von *Nadis*[53] oder feinstofflichen Nervenbahnen. Obschon Versuche gemacht wurden, diese feinstofflichen Kanäle mit der Anatomie des Körpers zu verbinden, haben sie sich bis heute einer empirischen Beobachtung entzogen. Durch diese Nadis fließt als ein Aspekt der Kundalini das *Prana,* die Hauptenergie unseres Körpers. Alle andern Energien sind dieser Energie untergeordnet und sind modifizierte Formen des Prana. Unter den 72 000 Nadis, durch welche das Prana strömt, werden 15 als wichtig bezeichnet. Unter diesen befinden sich drei, die von vitaler Bedeutung sind: Pingala, Ida und Sushumna. Von diesen drei ist die Sushumna die wichtigste. Sie ist der Kanal, der zur Erkenntnis des Selbst führt.[54]

Wir erinnern uns, daß nach dem Vedanta das wahre Selbst des Menschen unter fünf psychosomatischen Hüllen oder Koshas verborgen ist, welche zusammen drei verschiedene Körper bilden:

- Annamaya-Kosha den *grobstofflichen Körper* oder Sthula-Sharira
- Pranamaya-Kosha, Manomaya-Kosha und Vijnamaya-Kosha den *feinstofflichen Körper* oder Sukshma Sharira und
- Anandamaya-Kosha den *Kausalkörper* oder Karana-Sharira.

Der feinstoffliche Körper ist auch als Prana oder Vitalkraft bekannt. Prana ist weder Geist noch Psyche noch physikalische Energie, sondern ein Medium, das alle Körperebenen verbindet, eine kosmische Intelligenz, die alles und jedes durchdringt. Prana hat deshalb auch drei verschiedene Aspekte. Zunächst ist es die allesdurchdringende, höchstintelligente, kosmische Lebenskraft oder Prana-Shakti. Dann bedeutet Prana die verschiedenen biologischen Funktionen des Körpers, und schließlich bedeutet Prana auch den ganz gewöhnlichen Atem.[55] Der Fluß dieser Energie in seiner Totalität entspricht nach James Hillman dem psychologischen Selbst oder dem Selbst.[56]

In den Upanishaden wird von den *pranah,* den schaffenden Lebensströmen gesagt, sie seien *satyam.* Satyam heißt Wirklichkeit, die von etwas noch Tieferem getragen wird: Atman, dem Selbst, der Realität aller Realitäten, *satyasa satyam*[57]. Auch das hebräische Wort Ruah, fast immer wiedergegeben durch das griechische Wort *pneuma,* tritt im Alten Testament in drei verschiedenen Bedeutungszusammenhängen auf, nämlich als Wind oder Windstoß, dann als Atem und Lebensprinzip des Menschen und schließlich als Lebenskraft Gottes, durch die er handelt und handeln läßt auf der körperlichen wie auf der geistigen Ebene.[58]

In seiner *Tätigkeit* erscheint das Prana als zwei polare Energieströme, die Pingala (männlich) und Ida (weiblich) genannt werden. Ist der Mensch wach und tätig, dann fließt Prana durch Pingala. Dort herrscht Rajo-Guna vor, weshalb der Geist angetrieben und rastlos ist. Schläft der Mensch, dann fließt das Prana durch Ida, wo Tamo-Guna vorherrscht und den Geist lethargisch macht. Wenn aber das Prana durch die Kraft des Yoga Pingala und Ida verläßt und in die von Sattva-Guna beherrschte Sushumna zurückkehrt, dann erwacht die Kundalini Shakti, der Geist wird ruhig und konzentriert und wirkliche Meditation und Erfahrung des Selbst beginnt.[59]

Was bedeutet «Rückkehr des Prana in die Sushumna»? Nach Avalon geht es darum, aus den positiven, durch die Körperebenen strömenden Pranas durch Yogapraktiken (Meditation, Atembeherrschung usw.) einen Teilbetrag verfügbar zu machen und diesen auf den negativen Pol, die zusammengerollte Kundalini, zu fokussieren, wodurch diese «geweckt» wird.[60] Psychologisch würde dieser Vorgang die Aufgabe der Dominanz einer aktiven, männlichen Einstellung zugunsten einer weiblichen bedeuten. Diese Umkehr ist die Voraussetzung der Vereinigung beider Einstellungen in einem Dritten, der *coniunctio oppositorum.* Im Tantrismus beginnt dieser Verschmelzungsprozeß dann, wenn es gelingt, die beiden polaren Energieströme Pingala und Ida zu «zwingen», in der Sushumna als Prana-Kundalini aufzusteigen. Aufsteigen ist gleichbedeutend mit wandeln, nämlich von einem anfänglich groben Zustand zu einem immer feineren und flüchtigeren bis hin zum attributlosen Einen. Die Stationen der Wandlung sind die Chakras, auf deren symbolische Bedeutung ich im folgenden Kapitel näher eingehen werde.

Im Siddha-Yoga wird der Anteil von Prana oder psychischer Energie, der für die Erweckung der Kundalini nötig ist, nicht durch eigene yogische Anstrengungen des Schülers erarbeitet, sondern als Shaktipat, Kraftübertragung, durch die Gnade des Guru geschenkt. Daß der Versuch, die Kundalini aus eigener Kraft, d. h. ohne Guru zu wecken, nicht unbedenklich ist, hat Gopi Krishna im Bericht über seine Kundalinierfahrung eindrücklich dargelegt.[61]

Die beiden Nadis Pingala und Ida winden sich, schlangenartig einander kreuzend, um die Sushumna, welche vom untern Ende der Wirbelsäule, vom Muladhara-Chakra, bis hinauf zum Scheitelchakra, dem Sahasrar, führt. Die Verwandtschaft dieses Symbols mit dem hermetischen Caduceus, dem Schlangenstab, ist augenfällig. Die Polarität von Pingala und Ida finden wir aber auch im chinesischen Taoismus in der Symbolik von Yang und Yin, im alchemistischen Königspaar, in der christlichen Symbolik von Braut und Bräutigam usw. Immer geht es darum, Polaritäten, Getrenntes, in einem Dritten zu vereinigen oder aufzuheben.

Die Chakras als Symbole der Wandlung

Im September 1932 kam der Indologe J. W. Hauer, damals Professor in Tübingen, nach Zürich, um ein Seminar über Kundalini-Yoga abzuhalten. «Das war», erinnert sich Barbara Hannah in ihrem Buch über Leben und Werk C. G. Jungs, «eine außerordentlich interessante Parallele zum Prozeß der Individuation; aber wie immer, wenn eine vollendete indische Philosophie einem europäischen Publikum vorgelegt wird, gerieten wir alle aus dem Häuschen und entsprechend durcheinander. Wir waren gewohnt, daß uns das Unbewußte diesen Prozeß Stück um Stück mit jedem Traum preisgab. Aber der Osten hat in vielen Jahrhunderten derartige Meditationstechniken entwickelt und bei weitem mehr Symbole, als uns zuträglich waren ... Jung sah eine völlig desorientierte Gruppe vor sich, die Hauers brillantem Vortrag über Kundalini-Yoga zwar begeistert zugestimmt hatte, ihn aber nicht richtig verarbeiten konnte. Deshalb widmete Jung dann die ersten Vorlesungen seines englischsprachigen Seminars einem psychologischen Kommentar zu Hauers Vortrag»[62]. Jungs psychologische Deutung des Chakra-Systems im Kundalini-Yoga ist meines Erachtens sehr einleuchtend und mit das beste, was aus westlicher Sicht zu diesem Thema beigetragen wurde, so daß sich heute sogar indische Gelehrte auf diesen Vortrag beziehen.[63] Auch den folgenden Betrachtungen der Chakras als Wandlungssymbole liegen im wesentlichen diese 1932 im Psychologischen Club in Zürich gehaltenen Vorlesungen zugrunde.

Wörtlich übersetzt heißt *Muladhara* Wurzelstütze oder Wurzelhalter.[64] Es ist der Ort, der alles enthält, was innerhalb der Grenze unseres Bewußtseins liegt, unsere reale, alltägliche Existenz. Muladhara ist aber auch der Ort, wo das Göttliche schläft. Solange wir nur auf die reale Welt bezogen sind, haben wir keine bewußte Individualität, keine Besonderheit, sondern sind in participation mystique befangen, von Impulsen und Instinkten geleitet.

Erst im nächsten Chakra kommen wir zum Unbewußten. Das ist *Svadhisthana,* wo der Leviathan – im Tantrismus das Makara – haust und alles mit Vernichtung bedroht. Der Weg aus dem Muladhara führt ins Unbewußte hinein, was oft in Wasserträumen angekündigt wird. Die Wasserprobe der Mysterienkulte oder das Wasser der

Abb. 7

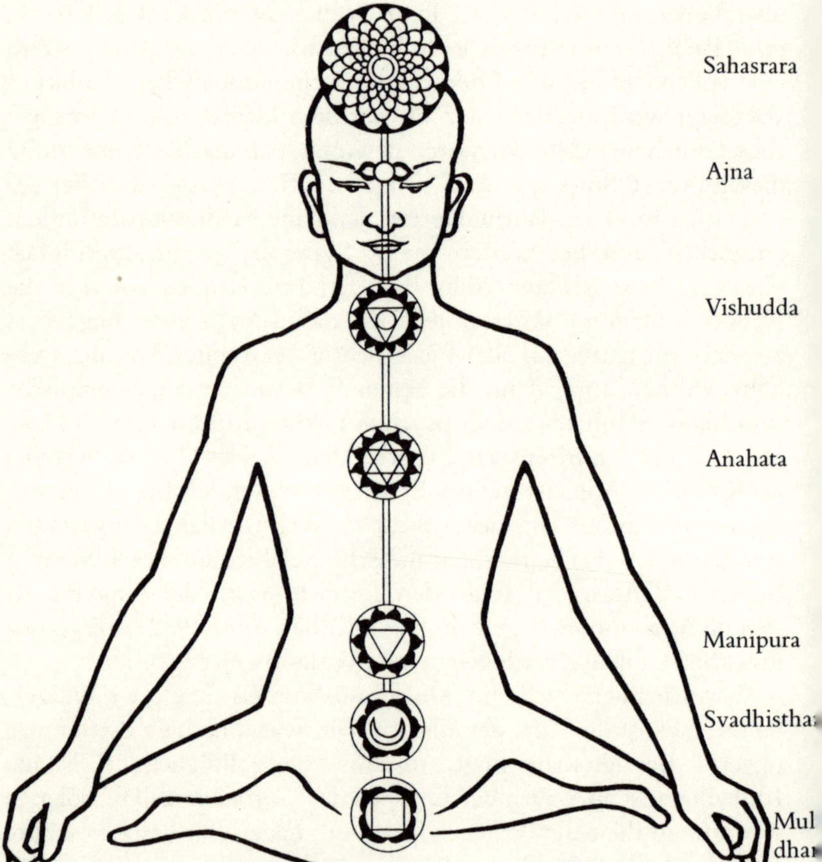

Die Chakras

Taufe bedeuten beide das Wasser des Svadhisthana-Chakra. Dieser Gang ins Wasser ist aber immer gefährlich, denn das Makara kann einen verschlingen. Anstelle des Makara oder des Leviathan steht heute die Analyse, denn auch diese bedeutet Wiedergeburt und zugleich Gefahr des Ertrinkens im Unbewußten. Das zweite Chakra ist also der Ort der Taufe, der Wiedergeburt und der Zerstörung. Nach Jung kann man den Bereich dieses Chakra, das Unbewußte, nur auf einem Weg erreichen: durch rechte Einstellung und durch Gnade. Ein göttlicher Funke, der sich als Furcht, als Neurose, vielleicht auch als unbezogenes Interesse zeigt, muß einen treiben. Diese treibende Kraft, Kundalini, ist stärker als unser persönlicher Wille, und ein Zurück gibt es nicht. Sie zwingt uns, das Abenteuer zu bestehen. «Die Dame, für die der Ritter im Mittelalter stritt – Rider Haggards She, die Anima – all dies ist Kundalini.»[65]

Svadhisthana ist nach Jung noch verhältnismäßig leicht zu erkennen, denn die Analyse zeigt ja, was die Bekanntschaft mit dem Unbewußten, was Bad und Reinigung bedeuten. Aber was geschieht, wenn man das Unbewußte nun kennt? Dann kommen wir zum *Manipura*[66], ins Zentrum der Emotionen. Es ist der Ort des Feuers. Im Manipura brechen Leidenschaften, Machtwille, Sexualität und alle emotionalen Teufel los. Nach der Taufe in Svadhisthana in die Hölle! Manipura ist aber nicht nur das; es ist auch die «Juwelenfülle», denn: wo kein Feuer brennt, ist auch kein Licht. Manipura ist einerseits der Unterleib als das unterste psychische Zentrum, das wir kennen, und andererseits das erste, wo psychisches Funktionieren sich regt. Hier haben wir eine höhere Schicht erreicht, wo eine deutliche Wandlung stattfindet, weshalb man im Kundalini-Yoga hier von einem Knoten, *brahmagranthi,* spricht, der durchstoßen werden muß.

Wer im *Anahata-Chakra* angekommen ist, der gleicht dem Deva, dem Geliebten der Lakshmi, der Göttin des Glücks, wird im *Satchakranirupana* (der «Beschreibung der sechs Zentren») gesagt. In diesem Chakra wandelt sich der Kumari(mädchenhafte)-Aspekt der Kundalini zum Yoshit-Stadium, zur reifen Weiblichkeit. Diese Wandlung ist nicht nur die schwierigste, sie ist auch die wichtigste. Als der Geliebte einer Göttin ist der Sucher nicht mehr im Feuer des Manipura, also nicht mehr seinen sinnlichen Leidenschaften und persönlichen Wünschen unterworfen. In der Vereinigung des Liebenden mit seiner Geliebten wird der Purusha, das Selbst geboren. Psychologisch gesehen ist das Anahata der Ort, wo wir uns unserer unpersönlichen Seite bewußt werden und anfangen, über diese nachzudenken, zu urteilen und zu unterscheiden. Dieses Bewußtwerden ist der Anfang der Individuation, die aber nichts mit dem Ich zu tun hat, denn dieses bleibt immer unten im Muladhara. Darum können wir nur die Füße des Purusha[67] erblicken. Wir sind niemals er. Anahata bringt die Vollendung einer Entwicklung, die schon im Muladhara begonnen hat. Jedem der unteren Zentren ist ein Element zugeordnet – Muladhara die Erde, Svadhisthana das Wasser, Manipura das Feuer und Anahata die Luft. Indem wir von einem Zentrum zum andern gehen, verwandeln wir diese Elemente vom Groben zum Feinen; sie erhalten einen immer höheren Grad an Flüchtigkeit. Ähnlich basiert auch die Philosophie des Mittelalters, die Alchemie, auf der wiederholten Wandlung der Substanzen vom Groben zum Feinen, wobei sie eigentlich den Menschen meint, der sich ebenso wandelt wie das Blei in Gold.[68]

Nach Jung hat unsere westliche kulturelle Entwicklung das Anahata-Chakra erreicht. Wir nehmen den Purusha, das Selbst, wahr, aber wir haben dieses Selbst noch nicht «befestigt». Deshalb glauben wir an die Sicherheit einer psychischen Existenz noch nicht so recht, wir glauben immer noch an die Materie, und es gibt für uns noch keine Brücke zwischen Physik und Psychologie.[69]

In *Vishudda*[70], im Ätherbereich, erreichen wir eine Sphäre der Abstraktion jenseits der empirischen Welt, eine Welt der Begriffe, des «Dinges an sich», wie Kant sagt. Der Stoff, aus dem diese bestehen, ist die Welt der Psyche; die Wirklichkeit des Äther-Chakra ist also die psychische Realität. Im Übergang von Anahata zu Vishudda müssen wir deshalb vollständig umlernen, denn wir müssen einsehen, daß unsere psychischen Gegebenheiten nichts mit den realen Tatsachen zu tun haben. Alles muß auf der Subjektstufe angesehen werden: *tat tvam asi,* das bist du, sagt der Vedanta. Im Vishudda ist die Verbindung zwischen Außen und Innen aufgelöst. Das «Spiel der Welt» wird als Abbild der Psyche zu unserem eigenen Drama. Hier stößt uns die Erfahrung dessen zu, was Swami Muktananda als «Spiel des Bewußtseins» bezeichnet. Die Welt der Begriffe ist hier

Realität. Diese Realität ist aber nichts anderes als die alle Begriffe einigende und ausdrückende Energie, im Tantrismus des Prana oder der Kundalini-Shakti.

Jung zögert dann, das sechste Chakra, das *Ajna-Chakra,* überhaupt zu behandeln, «denn es führt uns in eine entfernte Zukunft, die wir noch längst nicht besitzen, da wir noch nicht einmal in Vishudda angelangt sind»[71]. Jung meint, wir könnten uns nur noch theoretische Konstruktionen über Ajna machen. Nach Mookerjee hat hier das Ich seine Bedeutung vollständig verloren. Das Psychische ist hier nicht länger ein Inhalt in uns, wir werden hier vielmehr ein Inhalt des Psychischen.[72] Hier schließt das Bewußtsein alles ein, nicht nur das Selbst-Bewußtsein, sondern die Bewußtheit alles Seienden, der Energie als solcher.[73]

Im *Sahasrara,* dem siebten Chakra, wird jeder Unterschied zwischen der Selbsterfahrung und dem «Objekt» Gott aufgehoben. Hier gibt es keine Erfahrung mehr, weder Objekt noch Gott, sondern nur noch Brahman, das Eine ohne das Zweite.[74] Für Jung ist das Sahasrar eine rein philosophische Konzeption, die von keinem Menschen durch Erfahrung begriffen werden kann.[75]

Auf eine Schwierigkeit im Verständnis der Chakras möchte ich noch eingehen: auf den Umstand, daß diese sowohl einen grobstofflichen (Sthula) als auch feinstofflichen Aspekt (Sukshma) haben. Nach Jung ist Muladhara die Welt, in der wir leben. Damit ist aber nicht nur die äußere Welt gemeint, sondern unser gesamtes Bewußtsein aller äußeren und inneren persönlichen Erfahrungen ist Muladhara.[76] «Unser westliches Bewußtsein», sagt Jung, «sieht das aber keineswegs so. Da leben wir in unserer Welt im Gegenteil ganz oben. Im Vergleich zu den Tieren leben wir im Ajna-Zentrum. Unser Bewußtsein ist im Kopf lokalisiert.» Wir steigen darum vom Westen aus gesehen auf eine tiefere Stufe hinunter, wenn wir ins Unbewußte, ins Svadisthana gehen. Weil wir mit dem Bewußtsein identisch sind, sprechen wir vom Unterbewußtsein. Die Art aber, *wie* wir in unserer Welt leben, physisch, psychisch und geistig, diese Art ist der Sthula-Aspekt, der persönliche oder grobstoffliche Aspekt. Unser kultiviertes Leben kann darum als der Sthula-Aspekt der höheren Chakras betrachtet werden.

«Wir können aber», führt Jung weiter aus, «durch die Psychologie oder die tantristische Philosophie einen Standpunkt bekommen, der uns zeigt, daß es *unpersönliche* Geschehnisse gibt. Die Betrachtung vom unpersönlichen Standpunkt aus ist der Sukshma-Aspekt»[77], und das Erwachen der Kundalini kommt einem bewußten Verstehen des Sukshma-Aspekts gleich. Die Frage ist nur, wie wir den Sukshma-Aspekt von Muladhara, unserer Welt, begreifen können.

«Hier kommen wir wieder an die große Schwierigkeit und an das Paradoxale, daß wir mit unserem Bewußtsein in Ajna sind, und dennoch in Muladhara leben. Das ist der Sthula-Aspekt. Wenn wir aber in Muladhara leben, dann sind wir im psychischen Schlafzustand»[78], oder im Sinne des Siddha-Yoga dort, wo wir vergessen haben, daß wir Shiva sind.

Die Entwicklung über das Persönliche hinaus zum Unpersönlichen, die Erweiterung des Individuums zum Allgemeinmenschlichen, muß also in Muladhara beginnen, wo das Göttliche, die Devi-Kundalini schläft. Dies bedeutet m. a. W. eine Assimilierung des kollektiven Unbewußten, die aber nicht auflösend, sondern kulturschaffend ist.[79] Das Aufwachen aus dem psychischen Schlafzustand und das Bewußtwerden des Sukshma-Aspekts von Mensch und Welt ist das, was im Tantrismus als Erwachen der Kundalini bezeichnet wird. Die Gegensätze von Sthula und Sukshma, außen und innen, bewußt und unbewußt, weiblich und männlich, usw., beginnen dann ihre Schärfe zu verlieren, nähern sich immer mehr, um dann schließlich in jenem gemeinsamen Nenner zu verschmelzen, den Jung als «reine Energie» bezeichnet hat, oder – nach östlicher Vorstellung – im reinen, inhaltslosen Bewußtsein oder Shiva.

Zum Prozeß der Kundalini-Erweckung meinte J. W. Hauer zum Abschluß seines Seminars, daß wir immer bei solchen Symbolen den Sonnenlauf als Hauptmotiv finden.

> Die Analogie zur Kundalini ist die Sonnenschlange, die später in der christlichen Mythologie mit Christus identifiziert wird ... Im Muladhara ist die Nachtsonne, unter dem Zwerchfell der Sonnenaufgang. Die oberen Zentren vom Anahata an symbolisieren den Umschwung des Mittag bis zum Sonnenuntergang. Der Sonnentag ist der Kundalini-Gang – Aufstieg und Abstieg – Evolution und Involution mit geistigen Vorzeichen. Der Son-

nenlauf ist die Analogie zum Lebenslauf des Menschen. – Die Chakras sind ferner, wie alle symbolischen Stufenbildungen, auch Mysterienstufen, wo der Initiant ins Dunkel steigt (Katabasis) und als deus sol über sieben Stufen wieder hinaufkommt, wie es Apulejus im *Goldenen Esel* beschreibt.

Bhoga oder die Verschmelzungswonne

Sagt es niemand, nur den Weisen,
Weil die Menge gleich verhöhnet!
Das Lebend'ge will ich preisen,
Das nach Flammentod sich sehnet.
(Goethe, Selige Sehnsucht)

Wie wir gesehen haben, geht es im Kundalini-Yoga darum, zwei sich gegenseitig ausschließende Kraftströme, Pingala und Ida, in einem Dritten, der Sushumna, zu vereinigen. Diese Verbindung ist die Voraussetzung, das Ziel des Erlösungsprozesses zu erreichen, die Erfahrung des höchsten Samadhizustandes. Die Parallele in der Jungschen Analyse ist die «speziell schwierige Aufgabe, Extraversion und Introversion mittels der transzendenten Funktion zu verbinden»[80]. Mit der Erweckung der Kundalini durch einen Gnadenakt des Guru, dem Shaktipat, wird dem Schüler eine Hilfe und innere Führung zuteil, die ihn das erstrebte Ziel der *Coniunctio* rascher und sicherer erreichen läßt. In den Anfangsphasen nach der Erweckung der Kundalini erlebt der Schüler einen psychischen Reinigungsprozeß, der sich gelegentlich in spektakulären Erfahrungen – *kryas* – kundtun kann.[81] Mit fortschreitender Vertiefung und Festigung der meditativen Bemühungen verschwinden bzw. sublimieren sich diese Initialerfahrungen und machen einer anfangs meist nur zeitweise und andeutungsweise auftretenden, dann sich aber zunehmend verstärkenden besonderen Empfindung Platz, welche für den Kundalini-Yoga kennzeichnend ist. Es ist eine Seins-Erfahrung, die anfänglich als allgemeines physisches und psychisches Wohlbehagen, später als Glückserlebnis und schließlich als Wonne und Entzückung beschrieben wird.

Diese Erfahrung hat zu allen Zeiten und bei allen Völkern und

Religionen in einer mehr oder weniger deutlichen sexuellen Symbolik ihren Niederschlag gefunden. Im Siddha-Yoga wird kein Zweifel darüber gelassen, daß das Wonnegefühl, das der Sadhaka auf seinem innern Weg zu erfahren beginnt, seine Entsprechung im physischen Orgasmus hat. Vers 69 des *Vijnabhairava*[82] sagt dazu: «Die Erregung während des sexuellen Verkehrs bewirkt eine gegenseitige Verschmelzung, und das abschließende Entzücken, das durch den Orgasmus verursacht wird, deutet das Entzücken Brahmans an. Dieses Entzücken ist in Wirklichkeit das Entzücken des eigenen Selbst.» In seinem Kommentar zu diesem Vers präzisiert dann Jaideva Singh, daß die physische Vereinigung allerdings nur ein Symbol der Verschmelzung in die göttliche Energie darstelle. «Dieses Beispiel wurde nur gegeben», fährt er fort, «um aufzuzeigen, daß das höchste Entzücken nur auf das Verschwinden der Dualität folgt», und zitiert dann einen Vers von Shivopadaya, um dies besser zu erläutern: «So wie man, eingeschlossen in der Umarmung durch eine Frau, jedes Empfinden für alles Äußere und Innere verliert, ebenso verliert der Geist, wenn er sich in der göttlichen Energie auflöst, jede Empfindung von Dualität und erfährt das Entzücken des Einheitsbewußtseins. Die Shrutis (Schriften) sprechen von einer Vereinigung mit einer Frau nur, um die Vereinigung mit einem Göttlichen zu umschreiben. Nur ein Narr nimmt dieses Beispiel als eine Aufforderung zum fleischlichen Vergnügen.»[83]

In der Symbolik des Kundalini-Yoga macht sich die Shakti, vom Verlangen nach ihrem Gebieter ergriffen, «geschwind auf den Weg zu Shiva, um ihn, auf seinen Lotusmund küssend, zu beglücken»[84]. Diese Glücksempfindung wird als *samarasya* bezeichnet, und auch die bei der Vereinigung von Mann und Frau auftretende Glücksempfindung wird so genannt. Diese gibt auf der physischen Ebene einen Begriff von der auf der geistigen Ebene in der Shiva-Shakti-Vereinigung aufkommenden Höchsten Wonne. «Diese Wonne», schreibt A. Avalon,

> «ist so intensiv und alles andere ausschließend, daß sie dem Liebenden alle andern Erkenntnisobjekte unbewußt werden läßt und ihn zum eigenen Bruder der Brahmawonne macht. Da aber nur der Yogi (Mystiker) die Brahmawonne erfahren kann,

ist ... die wirklich echte Liebeswonne der sterblichen Welt als solche nur ein paar Wissenden bekannt, z. B. Dichtern und andern. Die sexuelle Liebe ist wie jede andere Liebe nur ein schwacher Abglanz der Brahmawonne.»[85]

Nach der Lehre des Tantrismus ist die Para-Shakti (die höchste Shakti) die alle Kräfte vereinigende und alle Formen annehmende Shakti und ist als solche auch im menschlichen *Körper.* Eine der mächtigsten dieser Kräfte, die man sich für den Wandlungsprozeß zunutze macht, ist die Geschlechtskraft. Anstatt diese auf der körperlichen Ebene ausfließen zu lassen, bewahrt man sie als subtile Energieform, um sie als Prana zu Shiva aufsteigen zu lassen. Es handelt sich also um einen Umkehr- und Sublimationsprozeß, der allerdings die Befreiung des Gemüts von seiner mächtigsten Fessel, der Sexualgier, voraussetzt.[86] Die Vermeidung des Geschlechtslebens beruht aber im Osten nicht etwa auf der Überzeugung, das normale Geschlechtsleben sei etwas Böses, sondern darauf, daß Energien, die in eine bestimmte Richtung gelenkt werden müssen, nicht gleichzeitig einem andern Ziel zufließen können.[87] Auf dieser Vorstellung beruht auch das vedantische Ideal des mönchischen Lebens, des Brahmacharya, welches im Zölibat der katholischen Kirche seine Parallele hat.

Jener Ort, wo die vom ungeteilten Einen herabströmende Kraft, die Shakti, ihre höchste Verdichtung erreicht hat, ist der Körper, bzw. das Muladhara-Chakra. In ihm und hier ist es, wo diese Kraft umschlägt, um dann in Umkehr ihrer bisherigen «natürlichen» Laufrichtung wieder zu ihrem Ursprung zurückzukehren (*opus contra naturam* der Alchemisten). Im Gegensatz zum Abstieg ist aber diese Um- und Rückkehr – und das ist das Entscheidende – ein sich im menschlichen Bewußtsein vollziehender Prozeß. Ähnliche Vorstellungen bestehen, wie Rousselle aufzeigt, auch im Taoismus.[88] Auch dieser nimmt an, daß mit der natürlichen Sexualität wichtige Unsterblichkeitskeime verloren gehen. Es sei also wichtig, dem Abwärtsströmen meditativ entgegenzuarbeiten und den «Himmelsfluß wieder bergauf fließen» zu lassen. Damit finde eine Sublimation oder Destillation alchemistischer Art des Sexus statt, und der Geist werde angeregt und von jener Unsterblichkeitskraft gestärkt und erfrischt. Wie im indischen Tantrismus, so hat auch hier zeitweise Askese keinen negativ moralischen, sondern einen positiv metaphysischen Sinn. Nach dem Taoismus sollte allerdings erst der Vierzigjährige die Meditation über die rückläufige Bewegung mitgeteilt bekommen, und erst der Siebzigjährige widmet sich ganz dem «Tao des Himmels»[89]. Dies entspricht durchaus der Erfahrung C. G. Jungs, daß der Individuationsprozeß in der Regel ein Problem der Lebensmitte ist.

Auch die Schriften der christlichen Mystiker enthalten nicht selten eine reiche sexuelle Metaphorik. Sexuelle Vereinigung ist ihnen oft ein natürliches Sinnbild für die Vereinigung der Seele mit Gott. So schreibt Jakob Böhme in seiner *Aurora:*

> Zum dritten hat die süße Qualität die Hitze trefflich sehr lieb, also lieb, daß ich das mit nichts vergleichen kann: Nimm dir ein Gleichnis, welches doch wohl viel zu gering ist, an zwei jungen Menschen echter Komplexion (Charakter), wenn dieselben aneinander erhitzen in Liebe-Brunst, so ists ein solches Feuer. Könnten sie einander in den Leib kriechen oder in einen Leib verwandeln, sie täten das. Aber irdische Liebe ist nur kalt Wasser und nicht recht Feuer ... Die süße Qualität hat aber die Hitze darum also lieb, daß sie in ihr den lichten Geist gebäret, der da ist der Geist des Lebens.[90]

Die Parallele zur tantrischen Symbolik ist offensichtlich: Die süße Qualität – Shiva – hat die Hitze – die Shakti – so «trefflich sehr lieb», daß sie sich in Liebe erhitzen und den Geist des Lebens – Kundalini – gebären.

Johannes vom Kreuz empfindet die Begegnung der Seele mit Gott als «süße Begegnung» und als geistliche Vermählung: «denn dort versprach ich ihm, seine Gattin zu sein» (!). In dieser Vermählung kennt seine Seele nichts anderes mehr als zu lieben und immer in den Wonnen der Liebe mit dem Gatten zu leben.[91] «Die Flamme des Göttlichen Lebens verwundet die Seele zärtlich und bis ins tiefste Innere, und so berührt und verletzt, vergeht sie in Liebe ...»[92] In seinen Gedichten hat Johannes vom Kreuz diesem mystischen Liebeserleben wohl seinen tiefsten Ausdruck gegeben:

Oh llama de amor viva
que tiernamente hieres
de mi alma en el mas profundo centro!
pues ya no eres esquiva,
acaba ya, si quieres;
rompe la tela de este dulce encuentro.

O Flamme lebendiger Liebe
Die Du meine Seele im tiefsten Grund
zärtlich verwundet hast!
Beende, wenn Du willst,
Und zerreiße jetzt, da Du nicht mehr abweisend bist,
Was uns von dieser süßen Begegnung noch trennt.
(Die lebendige Liebesflamme)

Alli me dio su pecho,
alli me enseno ciencia muy sabrosa,
y yo le di de hecho
a mi, sin dejar cosa;
alli le prometi de ser su esposa.

Dort zog er mich an seine Brust,
Dort lehrte er mich wonnigliches Wissen,
Und ich gab mich IHM hin,
Ganz ohne zu zögern,
Denn dort versprach ich IHM, seine Gattin zu sein.
(Die mystische Vermählung)

Doch der Weg zur vollen Erfahrung dieses mystischen Wonne- und Vereinigungserlebnisses ist weit und gefahrvoll. Das *göttliche Kind,* der *Homunculus* bzw. der Wandlungsprozeß, ist besonders in den Anfängen seiner Entwicklung bedroht. Denn bevor dem Schüler (oder Analysand) das Seelenkultur schaffende weiße Licht des Anahata-Chakra zu leuchten beginnt, muß er zuerst die Finsternisse des Svadhistana- und die Höllen des Manipura-Chakras durchwandern. Jung erläutert dies am Beispiel des alchemistischen Prozesses, der mit der *melancholia* beginnt und mit dem Genuß endet.[93] Der

Beginn, die *nigredo* der *melancholia,* ist ein Zustand, in welchem die Libido ins Unbewußte (Svadhistana) hinuntergesunken ist. Löst man diesen Zustand auf, kommt die Libido als Begehren an die Oberfläche (Manipura), was noch kein geheilter, sondern ein animalischer Zustand des Rohmaterials ist. Diese Libido wird von den Alchemisten als grüner Löwe oder als Drachen, der sich selbst verzehrt, bezeichnet, weil sie in sich selbst zirkulär verläuft und sich selbst anfrißt, sich dabei aber auch befruchtet. «Erfahrungsgemäß», schreibt allerdings Jung, «ist das so: Wenn die Libido aus dem Depressionszustand herauskommt, frißt sie das an, was gerade da ist.» Das ist beim Mann oft die nächstbeste Frau, und schon ist der Prozeß gestört.[94] *Es* ist ihm durchgebrannt, er hat den Deckel nicht auf dem Topf behalten, der Dampf ist raus.

Denn die Libido frißt sich nicht ohne weiteres selbst an, weshalb der Alchemist sagt, der Löwe oder Drache müsse im verschlossenen Gefäß, d. h., im Eigenen gehalten werden, denn das höchste Begehren, die höchste Leidenschaft, sucht ja gar nicht den andern, sondern sich selbst. Der grüne Löwe als Begehren ist im Prozeß die Subtilform der Sexualität und als solche das Medium der «Tinkturen» zwischen Sonne und Mond, bzw. zwischen Männlichem und Weiblichem (oder tantristisch: zwischen Pingala und Ida). Die Essenz ist aber nicht das Männliche und Weibliche in concreto, d. h. in wirklicher Gestalt, sondern ein feiner *Hauchkörper,* d. h. ein Extrakt des Männlichen und Weiblichen. Nicht der Mann und die Frau werden vereinigt, sondern das Männliche und Weibliche in Hauchform, in psychischer Form. «Mit andern Worten», schreibt Jung, «das Bewußtsein und das Unbewußte müssen im hermetischen Gefäß zusammengehalten werden, damit die beiden zusammenschmelzen.»

In der Praxis bedeutet dies ein Ausharren in der so verursachten Spannung, ein «Nicht-Tun» im taoistischen Sinn, bis die Seele selbst die Lösung in ihren eigenen Tiefen herbeiführt und durch eine «Umpolung» dieser Spannungsenergie sich selbst «befruchtet». Durch diesen Vorgang erfährt der Mensch in sich eine seelische Qualität, die sich in zunehmendem Maß als neuer, das Bewußtsein transzendierender Lebenssinn herausstellt. In Träumen wird dieser Vorgang oft als die Geburt eines Kindes erlebt, des *Homunculus* in der Retorte der Alchemisten oder des *göttlichen Kindes* in der Mythologie.

Was dieser anfängliche Zustand der vom Manipura-Chakra hinaufsteigenden Libido in der konkreten Erfahrung bedeutet, haben Swami Muktananda und Irina Tweedie in ihren Erinnerungen anschaulich geschildert.[95] Ein ähnliches Beispiel aus der christlichen Vergangenheit ist der Kampf des Heiligen Antonius mit der «Versuchung». Die Begierde, d. h. die nach einer Depression oder «Umkehr» der Einstellung neu erwachten psychischen Kräfte dürfen also nicht nach außen verströmen, sondern müssen im Gefäß, in der Seele behalten werden. Gelingt dies, dann entsteht ein *Licht,* schreibt Jung. Dieses Licht ist der «lichte Geist, der da ist der Geist des Lebens», wie Jakob Böhme es sagte. Es ist das Licht der Taoisten, das seinen Kreislauf beginnt und solange kreist, bis der Mensch seinen letzten und höchsten Zustand erlebt, nämlich das Einswerden mit dem Tao des Himmels, die Vermählung der Seele mit Gott, das Einschmelzen in das ungeteilte Eine. Das ist das Ziel des Prozesses.

In seiner Autobiographie versichert Swami Muktananda dem Siddha-Schüler, daß alles, was er sieht, sein eigenes *Licht* sei. Die Welt, so wie wir sie sehen, sei eine Täuschung. Vom geistigen Standpunkt aus sei sie das dynamische Spiel der Chiti, d. h. bewußte göttliche Energie, der dynamische Aspekt des Absoluten. Ein Siddha-Schüler, der das erkennt, sagt Swami Muktananda, habe sein Sadhana zu Ende geführt. Er habe das Bewußtsein der Gegenwart der Mutter Chiti in seinem Herzen erworben; das Bewußtsein um die Identität des Absoluten mit der Einzelseele sei ihm zur Selbstverständlichkeit geworden. Er sei nun ein wahrer Nachkomme der Siddhas, denn er habe seine Erfüllung erreicht. Zwar führe er sein normales Leben wie jeder andere, doch sei sein Tun geläutert, da er jetzt im Heil stehe. Man mag ihn manchmal für verrückt halten, doch genieße er unablässigen tiefen innern Frieden. Er sei befreit, obschon er noch im Körper lebe. Er habe erlangt, was er zu erringen ausgezogen war. Indem er erkannte, daß das einzig zu enthüllende Geheimnis sein eigenes Selbst war, habe er Shiva in sich selbst gefunden.[96]

Die drei Körper und ihre Hüllen (Koshas)

Körper	Hüllen	Chakras	Elemente	Gottheit	Guna
Physischer Körper	Annamaya-Kosha	Muladhara	Erde	Agni	Tamas
		Svad-histana	Wasser		
		Manipura	Feuer	Sonne	Rajas
Feinstofflicher Körper	Pranamaya-Kosha	Anahata	Luft		
		Visuddha	Äther	Mond	Sattva
	Manomaya-Kosha Vijnamaya-Kosha	Ajna			
Kausal-körper	Ananda-maya-Kosha				

Der physische Körper entspricht dem Wachbewußtsein (Jagrat), d. h. unserem subjektiven Bewußtsein der Außenwelt.

Der feinstoffliche Körper entspricht dem Traumbewußtsein (Svapna); er ist das, was wir unter «Innenwelt» (engl. «mind») verstehen. Dazu gehören Denken, Fühlen, Wünschen, Wollen.

Der Kausalkörper entspricht dem Tiefschlafbewußtsein (Sushupti). Nach Shankara ist es der traumlose Zustand, in dem der Jiva die Erfahrung macht: «Ich wußte nichts. Ich schlief so tief und war so glücklich.»

III.
Siddha-Yoga und Individuation

1. Das Problem der psychischen Energetik

1.1. Die Bedeutung der Sexualität bei Freud, Reich und C. G. Jung

Nach dem Siddha-Yoga ist der Mensch seinem innersten Wesen nach Shiva, d.h. reines Bewußtsein oder ein «statischer Krafthalter». Als Seele und Körper ist er eine Manifestation der Kraft Shivas, ist er Shakti, die Weltenmutter. In ihrem schaffenden und erhaltenden Aspekt erscheint die Shakti als Kundalini oder Prana-Kundalini und ist als solche ein *Energiefluß,* der alle Körperebenen verbindet. Das Erwachen der Kundalini im Menschen entspricht der bewußten Rückverbindung von Seele und Körper (Shakti) mit dem reinen und inhaltlosen Bewußtsein (Shiva) und wird im Siddha-Yoga als energetischer Prozeß betrachtet und auch erfahren. Kennzeichen dieses Prozesses sind *Umkehr* und *Wandlung* dieser Energie. Eine der wichtigsten Manifestationen dieser Vitalkraft im Menschen ist die Sexualität, deren Transformation im Siddha-Yoga von wesentlicher Bedeutung ist.

Daß zwischen der Sexualität und mystischen Erfahrungen ein Zusammenhang besteht, darf wohl als erwiesen betrachtet werden. Auch Jung betonte immer wieder, Sexualität habe eigentlich zwei Aspekte: einmal den der Fortpflanzung, den physisch-biologischen, dann aber auch den des Gottesdienstes für den Gott Eros, also den

Aspekt der Beziehung.[1] Während aber im Osten der spirituelle Hintergrund der Sexualität immer eine Selbstverständlichkeit war, wurde diese Betrachtungsweise im Westen vor allem von der Kirche als sündhaft verdammt. Diese Betrachtungsweisen prägten von Anfang an auch die Tiefenpsychologie und führten später zum historischen Bruch zwischen Freud und Jung.

Es ist Verdienst und Tragik Freuds zugleich, daß er dem abendländischen Menschen die Augen für die psychologische Bedeutung der Sexualität öffnete, aber nicht in der Lage war, auch deren religiöse Seite zu erkennen. Dennoch sprach Freud immer mit einer beinahe religiösen Ergriffenheit über die Sexualität, was Jung stark beeindruckte. So schreibt er in seinen Erinnerungen:

> Es war unverkennbar, daß die Sexualtheorie Freud in ungewöhnlichem Maße am Herzen lag. Wenn er davon sprach, wurde sein Ton dringlich, und von seiner kritischen und skeptischen Art war nichts mehr zu bemerken. Sein seltsam bewegter Ausdruck, dessen Ursache ich mir nicht erklären konnte, belebte dabei sein Gesicht. Das machte mir einen starken Eindruck: die Sexualität war für ihn ein Numinosum.[2]

Die Faszination Freuds ist aus der Sicht des Vedanta nicht verwunderlich, ist er doch in der Sexualität auf den «kinetischen Aspekt der manifestierten Höchsten Realität» gestoßen. Als Kind des damaligen materialistischen Zeitgeistes (19. Jh.) gelang es ihm aber nicht, in der Sexualität – der *Libido* – mehr als eine biologische Funktion zu sehen. Die zu enge Interpretation des Libidobegriffs führte dazu, daß Freud bei dessen weiterer Verwendung wenig konsequent verfuhr. Er verstand unter Libido auch weiterhin soviel wie *Sexualtrieb,* sei es im verhaltensbiologischen, sei es im Sinne eines physiologisch zu definierenden Bedürfnisses. Dann sprach er auch von sexuellem *Interesse* und schließlich von *Sexualenergie.* Er hielt es zwar nicht für unmöglich, daß sie als solche das Ergebnis der Differenzierung einer an sich qualitätslosen psychischen Energie sein könnte. Da er aber Wert darauf legte, seine Triebtheorie auf die Dualität von Selbsterhaltungs- und Fortpflanzungstrieb abzustützen, wollte er sich nicht ohne weiteres auf solche «Spekulationen» einlassen.[3] Im wesentlichen blieb also die Libido für Freud ein instinktiver Trieb in engem Zusammenhang mit der Sexualität und mit Eigenschaften, die denen einer Kraft in der Newtonschen Mechanik ähnlich waren.

Die Enge der Sexualtheorie Freuds blieb nicht ohne Widerspruch und führte bis heute im Raum der Psychoanalyse immer wieder zu Modifikationen und Neukonzeptionen. Besonderes Aufsehen erregte in psychoanalytischen Kreisen *Wilhelm Reich* (1897–1957), der 1920–1934 zum Kreis um Freud gehörte und während dieser Zeit auch Mitglied der Internationalen psychoanalytischen Vereinigung war. Während Freud sich auf die psychologischen Inhalte psychischer Störungen konzentrierte, interessierte sich Reich auch dafür, wie diese Störungen sich physisch äußerten. Er versuchte nachzuweisen, daß der Sexualtrieb, die Libido, die für Freud eine abstrakte psychische Kraft war, eine konkrete, den Organismus durchfließende Energie sei. Er ging davon aus, daß diese Energie, welche die Arbeit des Lebendigen steuert, nur aus der nichtbelebten Materie selbst stammen könne. Diese Energie sei der Wissenschaft seit Tausenden von Jahren verborgen geblieben. Sein Bestreben war, zu den funktionellen Fragen des Lebensprozesses vorzudringen und den Anschluß an die experimentelle Physik zu erreichen.[4]

Reich entdeckte bei seiner Arbeit eine «biologische Energie», welche den ganzen Organismus des Menschen durchdringt und sich auch in den Gefühlen manifestiert. Diese Energie fließt in wellenförmigen Bewegungen, und ihre grundlegende Dynamik ist das Pulsieren, d. h. die Kontraktion und Expansion, die sich in Atmung und Orgasmus ausdrückt. Der Prozeß der Sexualität oder der expansiven Lust ist nach Reich der produktive Lebensprozeß schlechthin.[5] Eine Behinderung der Expansion dieser Energie, d. h. eine Sexualstauung, die beim Ausbleiben der Befriedigung entsteht, ist für Reich die Ursache jeglicher Art von seelischer und vegetativer Gleichgewichtsstörung.[6] Er nannte diese als eine Ursubstanz den ganzen Kosmos durchdringende Energie die *Orgon-Energie*. Die Sperre, die uns von der Erkenntnis dieser Universalenergie trennt, ist die Sexualverdrängung, in die Freud durch seine Erkenntnisse die erste Bresche geschlagen hat.

Reich war aufgefallen, daß zwischen den spirituellen Erlebnissen der Mystiker und der von ihm als *Orgon* bezeichneten Energie ein Zusammenhang besteht. So schreibt er:

> Nur die Mystiker hatten, weit entfernt von wissenschaftlicher Einsicht, von jeher Kontakt mit der Lebensfunktion. Da das Lebendige die Domäne der Mystik geworden war, scheute die ernste Naturwissenschaft davor zurück, sich mit ihr zu befassen. ... So standen Mystik und mechanistische Biologie einander gegenüber. Indessen verriet die Wucht des religiösen Empfindens an sich die Existenz eines mächtigen Etwas, das die Menschen wohl fühlten, aber weder in Worte zu fassen noch zu lenken wissen.[7]

Dieses «mächtige Etwas» ist nach Reich die alles durchdringende Orgon-Energie.

In der Tat ist die Nähe der «Orgon-Energie» zu der *Prana* genannten kosmischen Vitalkraft auffallend. Wie die Orgon-Energie Reichs ist auch Prana eine allesdurchdringende Ursubstanz, die sowohl einen psychischen als auch einen biologischen und physischen Aspekt hat. Und auch für Prana ist das dynamische *spanda,* d. h. Pulsieren, Kontraktion und Expansion, oder Goethes Systole und Diastole, charakteristisch. Im Kashmirischen Shaivismus wird dieses Pulsieren der *spanda-shakti* als *unmesa* (Hervorgehen) und *nimasa* (Vergehen) beschrieben und als die wirkliche Natur des Shiva (des reinen Bewußtseins) und auch des empirischen Menschen betrachtet. *Unmesa* und *nimasa* sind aber nur *Aspekte* der einen, unteilbaren Wirklichkeit, die man nach Reich einzig und allein im Orgasmus erleben kann.[8] Auch die wellenförmige Bewegung der Orgon-Energie hat ihre Entsprechung im Symbol der Kundalini-Schlange, deren «Aufsteigen» vom Yoga-Schüler ebenfalls als wellen- oder schlangenförmig empfunden wird.

Reich ist mit seiner Erfahrung dessen, was er Orgon-Energie nennt, offensichtlich das zugestoßen, was Jung als die Wirkung eines Archetyps bezeichnet, nämlich das Faszinosum eines *lebendigen Symbols.* Es ist das Symbol des *hieranyagarbha,* der universalen Lebenskraft, welche für Jung identisch ist mit dem *Mercurius* der Alchemisten, dem *spiritus vegetativus* aller Natur und letztlich mit dem Selbst. Reichs naturwissenschaftlich-materialistische Weltanschauung hinderte ihn aber daran, über die grobstoffliche und personifizierte Manifestation dieser Kraft hinaus den Urgrund zu erkennen, der das Persönliche und Rationale transzendiert. So versuchte er zeitlebens, das Numinose seiner Erfahrung gewaltsam in die einseitigen Kategorien einer naturwissenschaftlichen Disziplin zu zwingen. Aus tantrischer Sicht hat Reich (wie auch Freud) nur den Sthula-Aspekt, d. h. die äußere und sexuelle Manifestation der kosmischen Vitalkraft oder des Prana erkannt und akzeptiert. Der Umstand, daß er den spirituellen *Coniunctio-Aspekt* des «Orgon» verkannte, führte ihn darum zu einer einseitigen Einschätzung der Bedeutung und Funktion des «grobstofflichen» oder Sthula-Aspekts dieser Energie und damit zu einer Überbewertung der Sexualität und des Orgasmus. Reichs Orgon-Theorie wurde darum von den wenigsten Wissenschaftlern und Analytikern ernstgenommen und in weiten Kreisen als das empfunden, was Reich von Jungs Libido-Konzeption behauptete: als abstruser Mystizismus.[9] Die Isolierung Reichs von der Gemeinschaft der Wissenschaftler, die in eine regelrechte Verfolgung ausartete, führte schließlich zu seinem tragischen Tod. Heute – ein Vierteljahrhundert später – scheint die einseitige Verdammung Reichs einer objektiveren Beurteilung Platz machen zu wollen. Fritjof Capra[10] betrachtet ihn als einen Vorkämpfer eines Paradigmenwechsels und würdigt seine brillanten Ideen, seine kosmische Perspektive und seine dynamische Weltanschauung, die seiner Zeit weit voraus war. Es ist heute in der Tat unbestritten, daß Reichs Grundideen viele Therapeuten angeregt haben, vor allem im Bereich der Psychosomatik eine Vielfalt von neuen Ideen zu entwickeln.

In seinen Erinnerungen berichtet Jung von einem Gespräch (1910), in dem Freud zu ihm sagte: «Mein lieber Jung, versprechen Sie mir, nie die Sexualtheorie aufzugeben. Das ist das Allerwesentlichste. Sehen Sie, wir müssen daraus ein Dogma machen, ein unerschütterliches Bollwerk.» Etwas erstaunt fragte Jung: «Ein Bollwerk – wogegen?» Worauf Freud antwortete: «Gegen die schwarze Schlammflut des Okkultismus.»[11] Jung war erschüttert, denn ein Dogma, d. h. einen indiskutablen Glaubenssatz, stellt man nur dort auf, wo man Zweifel ein für alle Mal unterdrücken will. Das hat aber mit wissenschaftlichem Urteil nichts mehr zu tun. Für Jung war die Erwartung Freuds ein Stoß, der ihre Freundschaft ins Lebensmark traf. Denn zu dieser Zeit war Jung auf Grund persönlicher seelischer und religiöser Erfahrungen bereits zu einem Libidobegriff gekommen, der sich von jenem Freuds grundsätzlich unterschied. «Ich glaube nicht fehlzugehen», sagte Jung in seinen ‹Vorlesungen über die Psychoanalytische Theorie›, «wenn ich den eigentlichen Wert des Libidobegriffs nicht in seiner sexuellen Definition, sondern in einer energetischen Auffassung erblicke, dank welcher wir zu einer heuristisch äußerst wertvollen Fragestellung imstande sind. Wir verdanken der energetischen Auffassung auch die Möglichkeit dynamischer Bilder und Verhältniszeichen, die im Chaos der psychischen Welt von unschätzbarem Wert sind.»[12] Die entscheidende Wandlung seines Libidobegriffs hat Jung in seinem 1912 publizierten Werk *Wandlungen und Symbole der Libido* (später *Symbole der Wandlung*) dargelegt. In der Betrachtung des seelischen Geschehens stieß Jung auf zwei polare Begriffe, nämlich die der *Kausalität* und der *Finalität*.[13] Wohl läßt sich ein seelisches Geschehen immer auf vergangene Ereignisse, insbesondere solche der Kindheit, zurückführen. Diese Betrachtungsweise liegt vor allem der Freudschen Analyse zugrunde. Nach Jung sind aber psychische Vorgänge immer auch als ein zu einem bestimmten Zweck oder Ziel stattfindendes Geschehen zu verstehen. Die Bewegung der psychischen Energie ist zudem durch die Richtungen von *Extraversion* und *Introversion* und durch die Pulse von *Regression* und *Progression* gekennzeichnet. Progression bedeutet eine in der Zeit vorwärtsschreitende Lebensbewegung (nach innen oder nach außen) im Sinne der Weiterentwicklung; Regression einen zeitweiligen Rückzug in vergangene Lebensformen, um in der Vergangenheit zurückgelassene Werte wieder heraufzuholen und der gegenwärtigen Situation einzuverleiben oder um deren Energie für neue Unternehmungen zur Verfügung zu haben.

M. L. von Franz nennt das ein *reculer pour mieux sauter.*[14]

Gewisse Phantasien, welche die *Regression* der Libido begleiten, haben Freud zu seiner *Inzesttheorie* geführt, mit der sich Jung im erwähnten Werk besonders auseinandersetzt. Für Jung bedeutet der Inzest nur in den seltensten Fällen eine persönliche Komplikation.

Meist stellt er einen hochreligiösen Inhalt dar, weshalb er in fast allen Kosmogonien und in zahlreichen Mythen eine entscheidende Rolle spielt. Freud hielt aber an der wortwörtlichen Auffassung fest und konnte die geistige Seite des Inzests als eines Symbols einer «Umkehr und Wandlung der Libido» nicht fassen.[15] Jung wies nach, daß das, was bei Inzest- und Mutterleibsphantasien in Wirklichkeit geschieht, ein Versinken der Libido ins Unbewußte ist, in welchem sie einerseits persönliche infantile Reaktionen, Affekte, Meinungen und Einstellungen provoziert, andererseits aber auch Kollektivbilder (Archetypen) belebt, welchen die kompensierende und heilende Bedeutung des Mythos von jeher zukommt.[16] Voraussetzung der Heilung ist aber ein «Opfer» an Libido, nämlich eines dem Menschen zur Verfügung stehenden Libidobetrages, der bisher «in die Welt eingegangen», d. h. extravertiert gelebt wurde. Nach Jung muß in der Jugend die der Mutter anhangende Libido geopfert werden, «um die Welt zu erzeugen». In der Lebensmitte wird diese Welt wieder aufgehoben durch die erneute Opferung derselben Libido, die anfangs der Mutter angehörte und dann in die Welt einging. Was hier nun geschieht, ist eine Introversion oder «Umkehr» der gleichen Libido, was nach Jung einen Zustand erzeugt, der jenem vor der Weltschöpfung gleicht.

Ziel des Opfers bzw. der Libido-Umkehr ist mit anderen Worten die Entwicklung des Individuums über das Persönliche hinaus zum *Unpersönlichen*. Dies kommt einer Assimilierung des Kollektiven Unbewußten gleich, die aber nicht auflösend, sondern kulturschaffend wirkt. Die Umkehr der Libido, welche die Opferung ihres triebmäßigen Aspektes bedeutet, läßt den Menschen aus seinem psychischen Schlafzustand aufwachen und sich seines geistigen Hintergrundes bewußt werden. Die Gegensätze zwischen außen und innen, bewußt und unbewußt beginnen dann ihre Schärfe zu verlieren, um schließlich zu dem zu verschmelzen, was Jung als «reine Energie» bezeichnet.

Der Begriff der Energie ist der gemeinsame Nenner, über den ich den Individuationsprozeß, die Alchemie und den Tantrismus miteinander in Verbindung bringen möchte. In der Alchemie entspricht die Energie der «lebendigen Qualität», welche die Alchemisten nicht nur im Menschen sahen, sondern auch in der anorganischen Natur (Reichs

«Orgon»). Diese «lebendige Qualität» ist der Lebensgeist, die *anima mundi* oder der *filius macrocosmi,* der in der ganzen Welt lebendige *Anthropos.* Im Tantrismus entspricht der Energiebegriff Jungs der Prana-Kundalini und der Individuationsprozeß dem Erwachen der Kundalini. Mit Vorbehalten darf diese nämlich jenem Libidoüberschuß gleichgesetzt werden, aus dem sich nach Jung jene psychischen Prozesse ergeben, die durch bloße Naturbedingungen nicht oder nur ungenügend zu erklären sind. Es sind dies religiöse Prozesse, deren Natur wesentlich symbolisch ist.[17] Was Jung als das «Verschmelzen in reiner Energie» bezeichnet, wird im Tantrismus als die Vereinigung der Gegensätze von Ida und Pingala, von weiblich und männlich, von Sthula und Sukshma, im «reinen, inhaltslosen Bewußtsein» oder Shiva dargestellt.

Als Jung in seiner Arbeit über die *Wandlungen und Symbole der Libido* gegen Ende an das Kapitel über das «Opfer» kam, wußte er, daß es ihn die Freundschaft mit Freud kosten würde. Nach dem Bruch wurde Jungs Buch als Schund erklärt und er selbst als Mystiker abgetan. Die meisten seiner damaligen Freunde und Bekannten verließen ihn. Doch Jung wußte, daß es um das Ganze ging und daß er für seine Überzeugung einstehen mußte. «Ich sah», schrieb er, «daß das Kapitel ‹das Opfer› mein Opfer bedeutete. Mit dieser Einsicht konnte ich wieder schreiben, obwohl ich voraussah, daß niemand meine Auffassung begreifen würde.»[18]

In seinen Erinnerungen sagt Jung von sich, daß er der Einzige sei, der die zwei Probleme, die Freud am meisten interessiert haben, sinngemäß weitergeführt habe: das der «archaischen Reste» und das der Sexualität.

> Es ist ein weitverbreiteter Irrtum zu meinen, ich sähe den Wert der Sexualität nicht. Im Gegenteil, sie spielt in meiner Psychologie eine große Rolle, nämlich als wesentlicher – wenn auch nicht einziger – Ausdruck der psychischen Ganzheit. Es war aber mein Hauptanliegen, über ihre persönliche Bedeutung und die einer biologischen Funktion hinaus ihre geistige Seite und ihren numinosen Sinn zu erforschen und zu erklären; also das auszudrücken, wovon Freud fasziniert war, was er nicht fassen konnte. Die Schriften *Die Psychologie der Übertragung* und *Myste-*

rium Coniunctionis enthalten meine Gedanken über dieses Thema. Als Ausdruck des chthonischen Geistes ist die Sexualität von größter Bedeutung. Denn jener Geist ist das «andere Gesicht Gottes», die dunkle Seite des Gottesbildes.

2. Der Individuationsprozeß

«Wer das ewige Leben sucht, der muß den Ort suchen, wo ursprünglich das Wesen und Leben entspringt.»
Richard Wilhelm

2.1. Das Wesen des Individuationsprozesses

Wie der Osten geht Jung davon aus, daß das empirische, bewußte Ich des Menschen nicht seine Ganzheit darstellt. Diese ist erst dann erreicht, wenn die beiden Anteile der Gesamtpsyche, Bewußtsein und Unbewußtes, in einem lebendigen Bezug miteinander verbunden sind. Dieser Bezug ist ein dynamischer Prozeß, der auf der Grundlage der Gegensätzlichkeit der Psyche und ihrer Inhalte beruht und ein Gefälle zwischen ihren Polen darstellt. Der ungestörte Fortlauf des psychischen Lebens bleibt dadurch gewährleistet, daß der unbewußte Pol niemals völlig bewußt gemacht werden kann und stets die stärkere Energiefülle behält. Nach Jung bleibt deshalb die Ganzheit immer relativ und an ihr weiterzuarbeiten unsere lebenslängliche Aufgabe.[1] Jung definiert «Individuation» aber auch als: «zum Einzelwesen werden», und sofern wir unter Individualität unsere innerste, letzte, unvergleichliche Einzigartigkeit verstehen, zum *eigenen Selbst* zu werden. Man könnte «Individuation» darum auch mit «Verselbstung» oder «Selbstverwirklichung» übersetzen.[2] Jung beschreibt den Individuationsprozeß als einen spontanen, natürlichen und autonomen Reifungsprozeß, welcher der Psyche eines jeden Menschen potentiell mitgegeben, aber zumeist unbewußt ist, und in dessen Verlauf sich formale Gesetzmäßigkeiten erkennen lassen.

Zunächst unterscheidet Jung zwei große Abschnitte: den der ersten und der zweiten Lebenshälfte. Die Aufgabe der ersten Lebenshälfte bezeichnet Jolande Jacobi als «Initiation in die äußere Wirklichkeit» mit der Aufgabe der Bewältigung der vom realen Leben gestellten Anforderungen. Es geht um die Ablösung von Jugend und Eltern, um die Stärkung des Ich sowie um die Differenzierung der Hauptfunktion (eine der vier Funktionen Denken, Fühlen, Empfinden und Intuieren) und der vorherrschenden Einstellungsweise (Extraversion oder Introversion). Diese Entwicklung wird mit dem abgeschlossen, was Jung die Herstellung der Persona nennt. Diese ist ein kompliziertes Beziehungssystem zwischen dem individuellen Bewußtsein und der Sozietät, passenderweise eine Art Maske, welche darauf berechnet ist, einerseits einen bestimmten Eindruck auf die anderen zu machen, andererseits die wahre Natur des Individuums zu verdecken.[3]

Ist diese Anpassung erreicht – in der Regel ist dies um die Lebensmitte der Fall –, führt eine zweite Initiation in die innere Wirklichkeit. Es ist dies die Bestimmung und die Möglichkeit, über die Stufen des ersten Lebensabschnitts hinauszugelangen. Nach Jung beginnt hier der eigentliche «Weg der Individuation», der Zeit seines Lebens sein besonderes Anliegen war.

Ziel der Individuation ist nichts anderes, als das Selbst aus den falschen Hüllen der Persona einerseits und der Suggestivkraft unbewußter Bilder andererseits zu befreien.[4] Diese Befreiung beginnt allerdings meistens mit einem Zusammenbruch der bisherigen bewußten Einstellung, einem kleinen Weltuntergang, bei dem sich alles in ein Chaos zu kehren scheint. Man ist ausgeliefert, desorientiert, ein steuerloses Schiff, den Launen der Elemente preisgegeben, beschreibt Jung diesen Zustand. In Wirklichkeit ist man auf das kollektive Unbewußte zurückgefallen, das nunmehr die Führung übernimmt.[5] Treibendes Motiv ist ein unwiderstehlicher Drang zu höherer Bewußtheit, ein Trieb zur Selbstverwirklichung. Es handelt sich aber nicht um einen «allgemeinen Trieb», denn «ganzen Bevölkerungsschichten kommt es, trotz notorischer Unbewußtheit, nicht bei, neurotisch zu werden. Es sind wenige, die von einem solchen Schicksal betroffen werden», schreibt Jung. Er bezeichnet sie als eigentlich «höhere» Menschen, die aber aus irgendwelchen

Gründen zu lange auf einer primitiven Stufe geblieben sind und die es auf die Dauer nicht ertragen, in ihrer natürlichen Dumpfheit zu verharren.[6] Als Folge des Zusammenbruchs der bisherigen bewußten Einstellung, d. h. nach Einsicht der Relativität der Persona, führt dieser Weg notwendigerweise zu einer Begegnung mit den Inhalten des persönlichen Unbewußten oder dem, was Jung den *Schatten* nennt. Es handelt sich zunächst um unangenehme und deshalb verdrängte Inhalte, wie Wünsche, Erinnerungen, Tendenzen, Pläne usw., die durch die Analyse befreit und ins Bewußtsein überführt werden. Diese Aufhellung des Schattens entspricht im wesentlichen – aber mit anderer Zielsetzung – dem, was die Psychoanalyse Freuds mit der Aufdeckung des Lebens, vor allem der Kindheitserinnerungen bezweckt. Der Schatten im Jungschen Sinn ist aber nicht nur rein persönlich; Jung unterscheidet auch einen kollektiven Schatten, der aber bereits zum kollektiven Unbewußten gehört und sozusagen der «dunkeln Seite Gottes» entspricht.

Die Integration des Schattens bedeutet für jeden Analysanden eine große moralische Leistung, geht es doch darum, die bislang nur projizierten, d. h. unbewußten Inhalte als seiner Psyche zugehörig zu erfahren. Durch diesen Prozeß beginnt er sozusagen eine Art von dreidimensionaler Sicht seiner Persönlichkeit zu gewinnen.

Die Überschreitung der «Schatten-Schwelle» führt zu einer Begegnung mit dem Seelenbild, nämlich einer Personifikation eines Archetyps, den Jung beim Mann als *Anima* und bei der Frau als *Animus* bezeichnet. Wie der Mann in seiner Psyche durch weibliches Wesen kompensiert ist, so die Frau durch männliches, und wie die Anima dem mütterlichen Eros entspricht, so der Animus dem väterlichen Logos. «Beide Archetypen», schreibt Jung,

> haben, wie die praktische Erfahrung zeigt, eine gegebenenfalls in tragischem Ausmaß wirkende Fatalität. Sie sind recht eigentlich Vater und Mutter aller heillosen Schicksalsverknäuelungen und als solche schon längst aller Welt bekannt: es ist ein Götterpaar, von dem der eine vermöge seiner «Logos»-Natur durch Pneuma und Nous etwa wie der vielfach schillernde Hermes charakterisiert ist, und die andere, vermöge ihrer «Eros»-

> Natur, die Merkmale von Aphrodite, Helena (Selene), Persephone und Hekate trägt.... Wer sie nicht sieht, ist in ihrer Hand.[7]

Jung hebt hervor, daß die Integration des Schattens, d. h. die Bewußtmachung des persönlichen Unbewußten, eine Voraussetzung ist, ohne die Kenntnis von Anima und Animus unmöglich ist. Wie aber der Schatten nur durch die Beziehung zu einem Gegenüber realisiert werden kann, so auch Anima und Animus nur durch Beziehung zum anderen Geschlecht, weil ihre Projektionen nur dort wirksam sind. Sie wirken so als personifizierte Komplexe. Ziel der Analyse ist auch hier die Befreiung von diesen Projektionen. Freiheit von Projektionen bedeutet aber größere Einsicht in die eigene Individualität, indem das, was bisher nur als gegengeschlechtliche Projektion erfahren wurde, nun als Inhalt der eigenen Seele erkannt wird. Dadurch wird es aber möglich, die Personifikation dieser beiden Archetypen zu zerstören, d. h. sie als autonome Komplexe zu überwinden und ihre Verwandlung in eine intuitiv geartete Funktion der Beziehung des Bewußten zum Unbewußten zu bewirken.

Jung warnt:

> Die Auflösung von Anima und Animus bedeutet, daß man Einsicht gewonnen hat in die treibenden Mächte des Unbewußten, nicht aber, daß wir diese Mächte selber unwirksam gemacht hätten. Sie können uns jederzeit in neuer Form wieder anfallen. Und sie werden es unfehlbar tun, wenn die bewußte Einstellung eine Lücke hat. Macht steht gegen Macht. Wenn das Ich sich Macht über das Unbewußte anmaßt, so reagiert das Unbewußte mit einem subtilen Angriff, in diesem Fall mit der Dominante der *Manapersönlichkeit,* deren enormes Prestige das Ich in Bann schlägt. Dagegen kann man sich nur schützen mit dem völligen Eingeständnis der eigenen Schwäche gegenüber den Mächten des Unbewußten. Dadurch stellen wir dem Unbewußten keine Macht entgegen, infolgedessen wir das Unbewußte nicht provozieren.[8]

Durch die Unterscheidung des Ich vom Archetypus der Manapersönlichkeit ist man nun gezwungen, genau wie im Fall der Anima jene unbekannten Inhalte, welche der Manapersönlichkeit spezifisch sind, bewußt zu machen. Dies bedeutet für den Mann die zweite wahrhafte Befreiung vom Vater und für die Frau die von der Mutter und damit erstmals die Empfindung der eigenen Individualität.

Die Auflösung der Manapersönlichkeit durch Bewußtmachung ihrer Inhalte ist die letzte Etappe des Individuationsweges. Der Analysand hat dann das, was im Taoismus als «Höhle der Phantasie» bezeichnet wird, durchwandert und steht nun im «Raum der Kraft». Die hier erfahrene Kraft ist die nicht mehr personifizierte Libido, die «reine Energie» nach Jung oder – im Verständnis des Siddha-Yoga – die Prana-Kundalini. Der Mensch steht dann vor jener Schicht seines Wesens, die nicht mehr Objekt der Analyse ist, da nichts mehr da ist, was das Ich analysieren könnte. Diese Kraft führt uns zu dem Mittelpunkt, den Jung als das *Selbst* bezeichnet. Die Anfänge unserer seelischen Entwicklung scheinen unentwirrbar aus diesem Punkt zu entspringen, und alle höchsten und letzten Ziele scheinen auf ihn hinzulaufen. Dieses Selbst ist ein Paradoxon, das etwas zu kennzeichnen versucht, was jenseits unseres Verstandes liegt.

2.2. Individuation und Siddha-Yoga

Der Individuationsweg und das Sadhana des Siddha-Yoga weisen sowohl bemerkenswerte Übereinstimmungen als auch grundsätzliche Unterschiede auf. Zunächst dürfen wir Ausgangspunkt und Ziel dieser beiden Wandlungswege im Prinzip als identisch bezeichnen. Bei beiden geht der Prozeß vom Ich-Bewußtsein aus, und bei beiden bewegt er sich auf das Selbst zu. In der Praxis bestehen indessen grundsätzliche Unterschiede. Zwar erklärt Jung den Begriff des Selbst, das er seiner Bedeutung nach vom Osten übernommen hat[9], als das Ziel jeglicher Entwicklungsmethode, welche auf dem Prinzip der Selbsterkenntnis beruht, und weist ausdrücklich auf die östliche Parallele, den Atman hin:

> Bei diesem Begriff muß auf den indischen Atman hingewiesen werden, dessen Phänomenologie, nämlich dessen persönliche

> und kosmische Existenz, eine genaue Parallele zum psychologischen Begriff des Selbst und des filius philosophorum ist: das Selbst ist Ich und Nichtich, subjektiv und objektiv, individuell und kollektiv. Es ist als Inbegriff der totalen Gegensatzvereinigung das vereinigende Symbol.

Jung meint darum, wir täten gut daran, uns für die Psychologie des Selbst in den indischen Schätzen umzutun, und zwar deshalb, weil wir aus der Yogaphilosophie sehr vieles lernen können, das uns praktisch zugute kommt. Zudem liege das Material in den östlichen Büchern bzw. deren Übersetzungen in klar verständlichen Formulierungen vor.[10]

Wenn Jung im Selbst des Yoga eine Parallele zum Selbst als Individuationsziel sieht, so meint er damit eine *psychologische* und keine metaphysische Parallele.[11] Als Begriff ist das Selbst unanschaulich, d. h. transzendent. Jung sagt deshalb als Psychologe nichts über den Inhalt des Selbst als solches aus, sondern nur über die Erfahrung der Wirkungen dieses Selbst in der *Psyche*. Zentralster Ausdruck dieses Wirkens ist das Symbol des Mandala, eine Bezeichnung, die Jung ebenfalls aus der östlichen Philosophie übernommen hat. In der Jungschen Psychologie ist darum das Selbst als Ziel des Individuationswegs nur als Idee wichtig; wesentlich ist das *opus*, das zum Ziele führt, denn dieses erfüllt das Leben mit Sinn.[12]

Im Gegensatz zu Jung gibt der Osten auf die Frage nach dem Wesen des Selbst eine klare Antwort. Nach Shankara ist dieses Wirklichkeit *(sat)*, Bewußtsein *(chit)* und Seligkeit *(ananda)*. Man soll sich als *sat-chit-ananda* und Brahman erkennen und die Identität seines individuellen Selbst mit Brahman verwirklichen. Die erste der *Sechs Stanzen über das Selbst* des Shankara beschreibt in dichterischer Form diese Einsicht:

> *Om! Ich bin weder Denken noch Intellekt,*
> *weder Ego noch Geist,*
> *weder Ohr noch Zunge,*
> *weder Sinn des Riechens noch des Sehens.*
> *Ich bin nicht Äther, Erde, Feuer, Wasser oder Luft,*

Ich bin reines Bewußtsein und Seligkeit.
Ich bin Shiva! Ich bin Shiva![13]

Ausgangspunkt des Wandlungsprozesses ist für den Siddha-Schüler dieses Wissen um das zu erreichende Endziel, nämlich die Einheit von Atman (das persönliche Selbst) und Brahman (das absolute Sein). Durch das Aussprechen von Mantras wie *tattvamasi* (Du bist Das), *aham brahmasmi* (Ich bin Brahman) und *so'ham* (Ich bin Er) soll der Schüler dieses zu erstrebende Endziel bereits zu Beginn des Sadhana fest in seinem Bewußtsein verankern.

Eine solche Vorwegnahme des Endziels liegt der Konzeption des Individuationswegs fern. Für Jung ist der Individuationsprozeß die Arbeit an der Psyche als eine *Wegbereitung* für eine geistig-sittlich-religiöse Ausrichtung auf das Endziel, nämlich die psychische Ganzheit oder das Selbst. Diese Ganzheit ist eine *Folge* und nicht – wie im Osten – der vorgegebene Inhalt der Wegbereitung.[14] Denn Jung nimmt nicht an, daß jedem analytischen Prozeß das Ziel der Ganzheit zugrunde liegt. Nur wenn dieses Ziel im Verlauf der Analyse «natürlicherweise» im Patienten wächst, soll der Analytiker verständnisvoll mithelfen. «Hineinpflanzen» kann und darf er es nicht – anders als der Guru. «Denn», betont Jung,

> die analytische Psychologie ist keine Weltanschauung, sondern eine Wissenschaft, und als solche liefert sie die Bausteine oder die Werkzeuge, womit einer eine Weltanschauung aufbauen, niederreißen oder ausbessern kann. Es gibt heutzutage viele, welche in der analytischen Psychologie eine Weltanschauung wittern. Ich wollte, sie wäre eine, denn dann wäre ich der Mühsal des Forschens und Zweifelns enthoben und ich vermöchte klar und einfach zu sagen, welches der Weg zum Paradies ist. Leider sind wir noch nicht so weit.... Eine Wissenschaft ist niemals eine Weltanschauung, sondern bloß ein Werkzeug zu einer solchen.[15]

Ausgangspunkt des Individuationsprozesses sind daher die Probleme, welche den Patienten in die Analyse geführt haben, sei es eine Neurose oder eine allgemeine seelische Gleichgewichtsstörung der Persönlichkeit. Der Weg zur Behebung dieser Störung führt über die schrittweise Aktivierung und Erschließung bestimmter Inhalte des Unbewußten sowie deren Assimilierung an das Bewußtsein. Dieser Weg kann – muß aber nicht – zu dem hinführen, was Jung als die Ganzheit der Persönlichkeit oder das Selbst bezeichnet.

Demgegenüber weist die Erfahrung der «Nachtmeerfahrt» des Siddha-Schülers andere Stationen auf und ist von anderer Art und Qualität als die eines Menschen, der sich auf dem Individuationsweg befindet. Als erster Unterschied fällt auf, daß der Siddha-Pfad keine individuelle Analyse im Sinne der westlichen Psychologie kennt. Dies bedeutet nun nicht, daß das, was dem Schüler auf seinem Weg an inneren Erfahrungen zustößt, noch nie analysiert worden wäre. Im Gegenteil; seit Jahrtausenden hat der Osten den Weg aus der Einheit (Brahman) in die «Zweiheit» (Manifestation dieser Einheit) und aus dieser wieder zurück in die Einheit subtilsten Analysen unterzogen, für die Jung immer wieder Worte höchster Bewunderung fand. Die Essenz dieser Analysen hat sich in den Heiligen Schriften Indiens und Chinas niedergeschlagen. Das Studium dieser Schriften – für den Siddha-Schüler sind es der Vedanta und der Kashmirische Shaivismus – ist eine der Voraussetzungen, um auf dem Weg zum Selbst Fortschritte zu machen. Diese Heiligen Schriften und nicht die persönliche Analyse seiner Erfahrungen orientieren den Schüler auf seinem innern Pfad. Eine dieser «Orientierungshilfen» ist die Kosha- oder Hüllen-Konzeption des Shankara, welche auch im Lichte des Individuationsprozesses von höchstem Interesse ist.

Nach Shankara haben die Rishis und Sadhus des Vedanta in ihrer tiefen Meditation herausgefunden, daß drei Hüllen den Atman umgeben und den Jiva von der Erkenntnis seines wahren Wesens, von seinem Selbst, trennen. Es sind dies – wie schon oben dargestellt (S. 128) – *sthula-sharira* oder die grobstoffliche Hülle, *sukshma-sharira,* die feinstoffliche Hülle, und *karana-sharira,* die Ursachenhülle, auch als *anandamaya-kosha* oder Seligkeitshülle bezeichnet.

«Wer erkennt», sagt Shankara, «daß das Selbst von diesen Hüllen verschieden ist, hat die Identität mit Brahman erlangt.»[16]

Der «anthropologische Raum», in welchem sich die Stationen des Individuationsprozesses befinden, ist aus der Sicht der Hüllen-Konzeption des Vedanta der Bereich von *sukshma-sharira* oder der feinstofflichen Hülle. Es ist der Teil des Unbewußten, welcher der bewußten menschlichen Erfahrung zugänglich ist. *Sukshma-sharira* ist das Reich der Bilder, der Symbole und der archetypischen Personifikationen, welche in einer analytischen Auseinandersetzung entsprechend der natürlichen inneren Entwicklung dem Bewußtsein angeschlossen werden. Natürlich begegnet auch der Siddha-Schüler auf seinem inneren Weg diesem Bilderreich. Auch er trifft auf seinen Schatten, hat Träume, Phantasien und Emotionen. Er nimmt aber all dies nur wahr, analysiert es nicht. Wie ein Yogalehrer es zu erklären versuchte, wird der Raum des *sukshma-sharira,* das Reich der Anima oder des Unbewußten, mit Hilfe der besonderen vom Guru erweckten Energie, der Kundalini, sozusagen «durchschossen». Ziel des Siddha-Yoga ist, den Schüler unmittelbar in jene Hülle hineinzuführen, die Shankara als *anandamaya-kosha* oder Seligkeitshülle bezeichnet und welche die Quelle jener Erfahrung ist, die der Schüler als Verschmelzungswonne *(bhoga)* erfährt.

Im Verlauf des Individuationsprozesses dürfte die Grenze zwischen dem feinstofflichen Körper und dem Seligkeitskörper jener kritische Punkt sein, wo die Personifikationen von Anima und Animus depotenziert und zur Funktion umgewandelt sind, d. h. als reine Energie erfahren werden. Was Jung mit der Depotenzierung der Anima meint, beschreibt er in seinen *Erinnerungen:*

> Während Jahrzehnten habe ich mich immer an die Anima gewandt, wenn ich fühlte, daß meine Affektivität gestört und ich in Unruhe war. Dann war etwas in meinem Unbewußten konstelliert. In solchen Augenblicken fragte ich die Anima: «Was hast du jetzt wieder? Was siehst du? Ich möchte das wissen!» – Nach einigen Widerständen produzierte sie regelmäßig das Bild, das sie schaute. Sobald das Bild da war, verschwand die Unruhe und Bedrückung. Die gesamte Energie meiner Emotionen verwandelte sich in Interesse und Neugier für seinen Inhalt. Dann sprach ich mit der Anima über die Bilder; denn ich mußte sie so gut verstehen wie einen Traum.
>
> Heute brauche ich die Gespräche mit der Anima nicht mehr, denn ich habe keine solchen Emotionen mehr. ... Ich kann den Sinn der Bilder direkt aus meinen Träumen ablesen *und brauche keine Vermittlerin mehr.*[17]

Wenn die Personifikation der Anima zerstört ist, braucht es die Gespräche mit ihr nicht mehr. Dann wird die von ihr gebundene psychische Energie frei und dem Ich verfügbar als intuitives Verständnis für die Funktionen des Unbewußten; sie wird zum Licht im Unbewußten, von dem unsere Mystiker und auch der Yoga sprechen. Die Anima ist zu dem geworden, was Jung als Mana, als magische Kraft bezeichnet. Als solche kann sie aber auch zu einer großen Gefahr werden, dann nämlich, wenn das Ich diese Kraft usurpiert und durch eine Inflation all das wieder verliert, was es bisher auf dem Individuationsweg gewonnen hat. Nur die Unterscheidung der bewußten Persönlichkeit von den Repräsentanten dieser Kraft, den Archetypen des Großen Weisen und der Großen Mutter, führt weiter auf dem Weg zum Ziel: dem Selbst.

Auch die östlichen Religionen weisen auf die Gefahren der Begegnung mit dieser Energie als eine direkte Wirkung des Selbst hin. Nur die völlige Unterwerfung des Ich unter das Selbst – für das der Guru steht – kann vor den Gefahren einer solchen Erfahrung schützen. Hier besteht offensichtlich ein weiterer schwerwiegender Unterschied zwischen Sadhana und Individuationsweg. Siddha-Yoga verlangt die *Unterwerfung* des Ich unter den Guru, der als identisch mit dem Selbst verstanden wird. Bei Jung dagegen geht es um die *Empfindung* dieses Selbst als etwas Irrationalem, undefinierbar Seiendem, dem das Ich nicht entgegensteht und auch *nicht unterworfen* ist, sondern anhängt, so wie die Erde um die Sonne rotiert. Mit dieser Empfindung wird das Ziel des Individuationswegs erreicht.[18] Im Unterschied zum Siddha-Yoga zielt also der Individuationsprozeß nicht auf die Erfahrung der Identität mit dem Selbst – dem *aham brahmasmi* des Siddha-Schülers –, sondern auf die Empfindung einer *Beziehung* zwischen dem empirischen Ich und dem Selbst. Im Individuationsprozeß geht es um eine größtmögliche Bewußtseinserweiterung, im Siddha-Yoga dagegen um eine Bewußtseinsänderung, das Aufgehen des persönlichen Bewußtseins in einem transhumanen Bewußtsein, im Selbst.

Es stellt sich nun die Frage, warum Jung – im Gegensatz zum Yoga – derart nachdrücklich auf dem Verstehen der unbewußten Inhalte und deren Integration ins Bewußtsein besteht. Jung stellt fest, daß der westliche Mensch nach mehr als tausend Jahren christlicher Prägung von den tieferen Schichten der Psyche abgeschnitten ist und darum zunächst einmal die Verbindung mit seinem Unbewußten wieder herstellen muß. Im Osten dagegen ist die Verbindung mit den unbewußten Schichten der menschlichen Psyche nie abgerissen. Darin liegt nach seiner Ansicht der tiefere Grund des gewaltigen Unterschieds zwischen der abendländischen und der östlichen Geisteshaltung.

Der Anschein von Übereinstimmung sollte nicht den Unterschied verwischen:

> *Die Yogalehre lehnt alle phantastischen Inhalte ab*. Wir tun desgleichen. Der Osten tut es aber auf einer ganz anderen Grundlage als wir. Dort herrschen Auffassungen und Lehren, welche die schöpferische Phantasie in reichstem Maße ausdrücken. Man muß sich dort gegen den Überfluß an Phantasie wehren. Wir dagegen halten die Phantasie für eine armselige, subjektive Träumerei. Die unbewußten Figuren erscheinen natürlich nicht abstrakt und jeglichen Beiwerks entkleidet, im Gegenteil, sie sind eingebettet und verflochten in ein Gewebe von Phantasien von unerhörter Buntheit und verwirrender Fülle. Der Osten darf diese Phantasien ablehnen, da er ihren Extrakt schon längst ausgezogen und zu den tiefen Lehren seiner Weisheit verdichtet hat. Wir haben aber diese Phantasien noch nicht einmal erlebt, geschweige denn eine Quintessenz aus ihnen gezogen. Wir haben hier ein ganzes Stück experimentellen Erlebens noch nachzuholen, und erst, wenn wir den Gehalt an Sinn im anscheinenden Unsinn gefunden haben, können wir das Wertlose vom Wertvollen unterscheiden.[19]

2.3. Anima und Kundalini

Wie die Kundalini im Siddha-Yoga, so ist auch die Anima (bzw. der Animus) als Repräsentantin des Unbewußten der zentrale Inhalt des Prozesses in der Individuation. Sie ist der Anstoß, der in den Prozeß hineinführt, und sie ist letztlich auch das Ziel, weil sie eine Erscheinungsform der Wandlungssubstanz, der Libido als reine Energie ist.

Von der energetischen Betrachtungsweise aus gesehen sind Anima und Kundalini zwei Begriffe für den gleichen Archetyp. Von ihren Erscheinungsformen und von der Erfahrung her bestehen einerseits bemerkenswerte Übereinstimmungen, andererseits aber auch unübersehbare Unterschiede. Generell gesehen ist für Jung die Anima ein empirischer Begriff, der nicht mehr bezweckt, als einer Gruppe von verwandten und analogen Erscheinungen einen Namen zu geben. «Der Begriff leistet nicht mehr und bedeutet nicht mehr, als zum Beispiel der Begriff ‹Arthropoiden›, der alle Gliederfüßler in sich begreift und damit dieser phänomenologischen Gruppe einen Namen gibt.»[20] Sie ist eine Bezeichnung für einen Archetypus, der an sich nicht erfahren werden kann. Erfahren werden nur dessen Erscheinungsformen, die uns auf innere oder äußere Weise begegnen. In der inneren Erscheinungsform erleben wir die Anima in Träumen, Phantasien, Visionen und anderem Material aus dem Unbewußten. Sie ist selten eindeutig, sondern fast immer komplex-schillernd, mit allen Eigenschaften gegensätzlicher Natur ausgestattet. Sie kann als Göttin oder Dämon, als Jungfrau oder Hure, als inspirierende Gefährtin oder als Hexe auftreten. In ihrer äußeren Erscheinungsform erleben wir sie als Projektion auf einen Menschen des weiblichen Geschlechts. Jung schreibt:

> In der Projektion hat die Anima stets weibliche Formen mit bestimmten Eigenschaften. Diese empirische Feststellung will keineswegs bedeuten, daß der Archetypus an sich ebenso beschaffen sei. Die mann-weibliche Syzygie ist nur eines der möglichen Gegensatzpaare, allerdings eines der praktisch wichtigsten und darum häufigsten. Sie hat viele Beziehungen zu anderen Paaren, die nichts weniger als Geschlechtsunterschiede aufweisen und daher nur gewaltsam dem Geschlechtsgegensatz untergeordnet werden können. Diese Beziehungen finden sich in mannigfachen Übergängen besonders im Kundaliniyoga, im Gnostizismus und vor allem in der alchemistischen Philosophie, ganz abgesehen von spontanen Phantasiegestaltungen in Neurosen und Psychosematerial.[21]

Von diesen Beziehungen her betrachtet hat die psychologische Anima nicht nur persönliche Eigenschaften. Sie erscheint ebenfalls als Repräsentation des kollektiven Unbewußten und hat darum auch die Eigenschaft des Kollektiven.[22]

Die enge Beziehung von Anima und Kundalini sieht Jung vor allem in ihrer Eigenschaft als *Individuationsprinzip*. In seinem Tantra-Seminar[23] beschreibt Jung die Kundalini als das, was uns zu den größten Abenteuern bewegt. Die wunderbaren Taten der Ritter des Mittelalters, ihre Kämpfe gegen Drachen um die Befreiung der Jungfrau, galten ihrer «Lady» – denn sie war Kundalini. Dann sagt er wörtlich: «Ja, die Anima ist Kundalini.» Die Kundalini ist der *göttliche Drang* in uns, der uns in das Abenteuer hineinführt, in die Nachtmeerfahrt. Jung spricht dann von der Kundalini als einer «Gnade des Himmels», eine Charakterisierung, die ganz der Siddha-Tradition entspricht. Wenn nämlich Kundalini als göttlicher Drang nicht da ist, dann ist alles künstlich. Es muß etwas da sein, ein leitender Funke, der uns zwingt, in die Wasser des Unbewußten zu tauchen. Dieser Funke ist Kundalini, etwas absolut Unerkennbares, das sich als Furcht, Neurose oder auch als lebendiges Interesse zeigen mag. Aber sie muß stärker als unser Wille sein. Denn sonst kehren wir beim ersten Hindernis um, rennen weg, sobald wir den Leviathan sehen. Aber dieser Funke drängt und zieht uns, und ein Zurück gibt es nicht. Anima, Kundalini oder der göttliche Drang, der uns in das Abenteuer führt, sind dasselbe.

Ein phänomenologischer Vergleich von Anima und Kundalini ergibt noch weitere und mehr als nur zufällige Übereinstimmungen. Kundalini ist ein Aspekt der im Prinzip übergeschlechtlichen Shakti (Ouroboros). Als solche erscheint sie in der männlichen tantristischen Psychologie als «ewig-junge Uma», als Mädchen. Vimarshini[24] beschreibt diese junge Frau als immerwährend in die Tätigkeit von Schöpfung und Zerstörung des Kosmos vertieft. Die Anima erscheint in der männlichen Psychologie ebenfalls im Aspekt der Frau. Sie ist wie die tantrische Uma eine *Mana-Persönlichkeit,* d. h. ein Wesen mit okkulter zauberischer Macht (Mana), ausgerüstet mit magischen Kenntnissen und Kräften.[25] In der therapeutischen Praxis ist sie die Ursache von vielerlei zerstörerischen Neurosen, welche aber den Menschen in eine Analyse und über diese hinaus in eine neue Schöpfung – zur Ganzheit der Persönlichkeit – führen können.

Trotz ihrer überpersönlichen Macht kann die Anima «erobert» werden, worunter Jung ihre Entpersonifizierung versteht. Dann begegnet man direkt ihrer okkulten Macht und Weisheit, und sie wird zur führenden Funktion bei der Reise ins Unbewußte. Im Siddha-Yoga wird die Kundalini nach ihrer Erweckung durch den Guru zu jener Kraft, die uns zielstrebig zur Vereinigung mit unserem innern Selbst führt. Beide, Anima und Kundalini, haben im Wandlungsprozeß eine *inspirierende Funktion* und werden zur Brücke zwischen dem Bewußtsein und dem Unbewußten.

Jung ist allerdings aufgefallen, daß trotz augenfälliger Analogien der Begriff der Anima, so wie ihn die Analytische Psychologie versteht, im Osten fehlt.[26] Trotzdem spricht er von der Anima als Kundalini. Der scheinbare Widerspruch erklärt sich aus der Aspektvielfalt der beiden Symbolfiguren. Wie wir gesehen haben, unterscheidet Jung bei der Anima den personifizierten Aspekt und den energetischen oder «Mana-Aspekt». Im Siddha-Yoga hat die Kundalini ebenfalls zwei Aspekte: der eine manifestiert sich als *samsara,* die vergängliche Weltexistenz. Zu dieser rechnet Siddha-Yoga auch den *sukshmasharira,* den feinstofflichen Körper, bzw. den Bereich der Psyche. Der andere Aspekt der Kundalini ist der rein energetische, der zur höchsten Wahrheit führt. Wenn der Guru seine Kraft auf den Schüler überträgt, wird *dieser* Aspekt der Kundalini aktiviert. Der Prozeß im Siddha-Yoga setzt also dort ein, wo im Prinzip der Individuationsprozeß endet, bei der *Erfahrung der Anima als Mana oder reine Energie.* Was im Individuationsprozeß wesentlicher Inhalt ist, die Erfahrung der archetypischen Wirkungen von Persona, Schatten, Anima und Animus, wird im Siddha-Yoga als Begleiterscheinung betrachtet, bei der man sich nicht aufhalten soll. Wesentlich ist die Erfahrung der Kundalini als führende und inspirierende Kraft. Diese Erfahrung steht anstelle der persönlichen Analyse im Sinne Jungs. Da im Osten die Verbindung zum Samsara-Aspekt der Kundalini immer lebendig geblieben ist, muß sie nicht besonders hergestellt werden. Der westliche Mensch aber muß in einem natürlichen Reifungsprozeß zuerst diese Seite der Kundalini erfahren, verstehen und integrieren, bevor er sich ihrem energetischen Aspekt aussetzen darf.

In der praktischen Erfahrung des Individuationsprozesses kann dieser Forderung nicht genug Bedeutung beigemessen werden. Immer wieder ist nämlich zu beobachten, daß der Versuch, die archetypischen Erfahrungen von Persona, Schatten, Anima und Animus zu verdrängen, früher oder später zu neurotischen Spannungen führt, welche solange den Wandlungsvorgang hemmen, als die verdrängte Problematik nicht bewußt geworden und angenommen worden ist.

In der Praxis des Siddha-Yoga wird der Wandlungsprozeß vom Guru durch Erweckung der Kundalini-Energie initiiert und durch Meditationstechniken gefördert. Eine dieser Techniken besteht in der Regelung des Atems, dem Pranayama, dem wir uns im Rahmen dieses Vergleichs kurz zuwenden wollen. Wie im Kapitel «Prana und Nadis» dargelegt, hat der Atem im Yoga – ähnlich wie «ruah» der Bibel – nicht nur einen physischen Aspekt. «Obwohl der durch Nase und Mund ein- und ausströmende Atem nicht der wahre Atem ist», so heißt es im *Geheimnis der Goldenen Blüte,* «so erfolgt das Ein- und Ausströmen des wahren Atems doch in Verbindung damit.»[27] Wird der Atem ruhig, dann wird das Herz ruhig, heißt es weiter. Dann kann das Licht, das Prana oder der «wahre Atem» zu kreisen beginnen. Doch darf man sich nicht verleiten lassen von den «zehntausend Verstrickungen», denn diese führen uns in die «Höhle der Phantasie» und nicht in den «Raum der Kraft».[28] Was aber geschieht, wenn der physische Atem und der wahre Atem sich vereinigen? Noch einmal *Das Geheimnis der Goldenen Blüte:*

> Beim Meditieren muß man eine Art von bewußter Intuition haben, daß man im Feld des Elixiers Kraft und Atem sich vereinigen fühlt, daß eine warme, dem wahren Licht angehörige Auslösung sich dumpf zu regen beginnt; dann hat man den rechten Raum gefunden. Wenn man diesen rechten Raum gefunden hat, so ist man der Gefahr enthoben, in die Welt des Wahnbegehrens oder der finsteren Dämonen zu geraten. Das ist zum Beispiel der Fall, wenn man sich zur Meditation hinsetzt und sieht Lichtflammen und bunte Farben, oder sieht Bodhisattvas und Götter sich nahen und was dergleichen Phantasien mehr sind.

Was hier als «Höhle der Phantasie» bezeichnet wird, entspricht Shankaras «feinstofflichem Körper» oder der «personifizierten Anima». Gerade in diese Höhle muß aber nach Jungs Psychologie der westliche Mensch auf seinem Individuationsweg hineingehen. Durch aktive Teilnahme an den Phantasien vermischt man sich nämlich mit den unbewußten Vorgängen und ergreift dadurch Besitz von ihnen, daß man sich ergreifen läßt.

> Das Resultat ist die Aufwärtsbewegung in der Flamme, die Verwandlung in der alchymischen Hitze, die Entstehung des «feinen Geistes». Das ist die transzendente Funktion, die sich aus der Vereinigung der Gegensätze ergibt. ... In dem Maß, als der Patient aktiven Anteil nimmt, verschwindet die personifizierte Figur von Animus und Anima. Sie wird zur Funktion der Beziehung von Bewußtsein und Unbewußtem. Wenn aber die unbewußten Inhalte (eben solche Phantasien) nicht «realisiert» werden, so entstehen psychische Abnormitäten, Besessenheitszustände in allen Graden von gewöhnlichen Launen und «Ideen» bis zur Psychose.[29]

Hier ist also der Ort und die Gefahr, in die «Welt des Wahnbegehrens oder der finsteren Dämonen» zu geraten, wie es im *Geheimnis der Goldenen Blüte* heißt.

Wie Jung selbst diese Realisierung der unbewußten Inhalte erlebte, beschreibt er in seinen Erinnerungen:

> Ich war oft so aufgewühlt, daß ich die Emotionen durch Yogaübungen ausschalten mußte. Da es aber mein Ziel war zu erfahren, was in mir vorging, machte ich sie nur so lange, bis ich mir Ruhe geschaffen hatte und die Arbeit mit dem Unbewußten wieder aufnehmen konnte. Sobald ich das Gefühl hatte, wieder ich selber zu sein, gab ich die Kontrolle auf und ließ den Bildern und innern Stimmen erneut das Wort. Der Inder hingegen macht Yogaübungen zu dem Zweck, die Vielfalt der psychischen Inhalte und Bilder vollständig zu eliminieren.
>
> Für nicht wenige meiner Patienten sind und bleiben diese Dinge böhmische Dörfer. Ja, wenn sie überhaupt die Mög-

lichkeit hätten, einen solchen Weg zu beschreiten, so wäre es für sie ein beklagenswerter Irrweg, und ich wäre der erste, der sie davon abhielte. Der Weg der transzendenten Funktion ist ein individueller Schicksalsweg.

2.4. Analytiker und Guru

Wie Jung darlegt, ist der Weg in die «Höhle der Phantasie», der Individuationsweg, nicht für jedermann geboten. Er ist nicht ungefährlich und sollte darum nur zu zweit beschritten werden.[30] Der Individuationsprozeß bedarf strengster Kontrolle sowohl durch den begleitenden Analytiker als auch durch das Bewußtsein des Analysanden, um die Integrität des Ich gegenüber den hereinbrechenden Inhalten des Unbewußten zu bewahren und deren Einordnung ins Bewußtsein zielbewußt durchführen zu können. Mit zunehmender Einordnung dieser Inhalte verschiebt sich das Persönlichkeitszentrum vom begrenzten Ich zum umfassenden *Selbst* als die Mitte, die beide Bereiche, Ich-Bewußtsein und Unbewußtes, in sich schließt und miteinander verbindet. Jung schreibt:

> Dieses Selbst ist der Zentrierungspunkt der wahren Persönlichkeit. Es bildet daher seit alters her das Ziel jeglicher Entwicklungsmethode, welche auf dem Prinzip der Selbsterkenntnis beruht, wie zum Beispiel der *indische Yoga* beweist. Vom indischen Standpunkt aus betrachtet erscheint daher unsere Psychologie wie ein «dialektischer» Yoga. Dazu muß ich nun allerdings bemerken, daß der Yoga ganz bestimmte Vorstellungen über das zu Erreichende hat und alles tut, um dieses vorweggenommene Ziel auch zu erreichen. Bei uns sind Intellektualismus, Rationalismus und Voluntarismus dermaßen gefährliche Mächte, daß die Psychotherapie, wenn irgendwie möglich, vermeiden muß, sich solche Ziele zu stecken. Wenn dieses Ziel der Erreichung der Ganzheit und der Verwirklichung der ursprünglich gemeinten Persönlichkeit in natürlicher Weise im Patienten wachsen sollen, so mögen wir zu diesem Zweck verständnisvoll mithelfen. Wächst es aber nicht aus sich, so kann es

> auch nicht gepflanzt werden, ohne ein dauernder Fremdkörper zu bleiben. Darum verzichten wir auf solche Kunststücke, wenn die Natur nicht selber deutlich zu diesem Ende hinwirkt. Als ärztliche Kunst, mit den Mitteln menschlichen Könnens ausgestattet, unterfängt sich unsere Psychologie nicht, ein Heil zu predigen oder einen Heilspfad anzupreisen, denn solches liegt nicht in unserer Hand.[31]

Nach Jung geht es also nicht darum, dem Analysanden zur Lösung seiner Probleme ein «Ziel» wie das Selbst vorzugeben. Der Analytiker wird vielmehr versuchen, auf die vom Analysanden eingebrachten Probleme einzugehen, um sich durch analytische Arbeit Schritt für Schritt deren unbewußtem Hintergrund anzunähern. Dieser Prozeß ist so individuell, daß nicht vorausgesagt werden kann, wie weit er den Analysanden führen will und wird. Denn nicht der Analytiker bestimmt den Weg und das Ziel, sondern das Selbst des Analysanden. Beide – Analytiker und Analysand – versuchen, der Führung dieses Selbst, die sich in Träumen, Phantasien, Imaginationen und Emotionen manifestiert, zu folgen. Die Rolle des Analytikers ist also nicht die eines «Führers zum Heil», sondern die des «assistierenden Partners», der einfach den dialektischen Prozeß zwischen ihm und dem Patienten überwacht und mit Hilfe der beobachteten Phänomene jenen Weg sucht, der so erstaunliche Parallelen zum indischen Yoga aufweist. Trotz dieser offensichtlichen Verwandtschaft mit östlichen Wandlungsprozessen ist aber die Jungsche Psychologie weder ein religiöses System noch eine Philosophie, sondern eine undogmatische Wissenschaft, die im Prinzip unbeschränkte Entwicklungsmöglichkeiten hat und immer weiter wächst. Demzufolge darf und will der Analytiker auch kein geistiger Führer mit der Autorität eines Guru sein. Der Analytiker wartet und beobachtet, was das Unbewußte bringt; der Guru dagegen löst den innern Prozeß aus. Im indischen Yoga kann nur der Guru den Weg zeigen; beim Individuationsprozeß ist es das Selbst.

Ein Phänomen tritt immer wieder auf und kann die Beziehung zwischen Analytiker und Analysand bzw. Schüler und Guru fördern, aber auch stören: die *Übertragung*. Übertragung heißt wörtlich: etwas von einem Ort an einen andern tragen oder etwas in eine andere Form bringen. In der Analyse handelt es sich bei diesem Etwas um einen wichtigen Inhalt, und die Intensität der Übertragung entspricht der Bedeutsamkeit des projizierten Inhalts.

> Eine starke Übertragung entspricht einem feurigen Inhalt; sie enthält etwas Wichtiges, etwas für den Patienten höchst Wertvolles. Solange dies aber projiziert ist, scheint der Analytiker dieses wertvolle und wichtige Etwas zu verkörpern. Er kann an dieser unglücklichen Situation nichts ändern, aber er muß diesen Wert dem Patienten zurückgeben, und die Analyse ist nicht beendet, solange der Patient den Schatz nicht integriert hat. Wenn der Patient daher einen Erlöserkomplex in Sie projiziert, müssen Sie ihm nicht weniger als einen Erlöser zurückgeben – was immer das heißen mag. Aber Sie sind nicht der Erlöser – ganz bestimmt nicht.[32]

Der Erlöser, den der Analytiker dem Analysanden zurückzugeben hat, kann die Erfahrung des Archetyps des Selbst sein. Jung schätzt die Gefahr, daß sich der Analytiker mit diesem Archetyp identifizieren und ihn deshalb dem Analysanden vorenthalten könnte, als nicht gering ein:

> Ich kenne eine Reihe von Kollegen, die diesen Weg gegangen sind. Sie waren nicht fähig, dem dauernden Ansturm des kollektiven Unbewußten des Patienten standzuhalten – wenn einer nach dem andern den Erlöserkomplex sowie religiöse Erwartungen und Hoffnungen projizierte, dieser Analytiker besitze vielleicht in seinen «Geheimnissen» den Schlüssel, den die Kirche verloren hat, und er könne ihm vielleicht das erlösende Geheimnis offenbaren. All dies sind subtile und einschmeichelnde Versuchungen, und jene Analytiker sind ihnen erlegen.[33]

Es ist ein typisches Berufsrisiko des Psychotherapeuten, von den Projektionen, denen er ausgesetzt ist, psychisch infiziert und vergiftet zu werden. Er muß darum dauernd aufpassen, nicht in eine Inflation zu geraten. Er kann sonst psychisch und physisch Schaden nehmen. In der Analyse ist der Analytiker also nicht das «Licht in der

Finsternis». Was immer im analytischen Prozeß an Licht erscheint, kommt aus dem Unbewußten, und weder der Analytiker noch der Analysand kennen im voraus die Lösung oder das Ziel, auf das dieser bestimmte Prozeß hinausläuft. Beide sind Wanderer in der Nacht, befinden sich im wahrsten Sinn des Wortes auf der «Nachtmeerfahrt». Ganz anders verläuft der Prozeß im Yoga. *Hier macht der Guru* dem Sucher bewußt, *was* er sucht. Im Kapitel über den Guru habe ich das «Guruprinzip» bereits ausführlich untersucht.[34] Um die unterschiedliche Bedeutung der Rollen des Analytikers und des Guru auf dem Individuationsweg eines Menschen zu verdeutlichen, sei im folgenden noch einmal auf einige wichtige Aspekte jener Symbolfigur hingewiesen, die im Yoga von derart entscheidender Bedeutung ist.

Während der Analytiker lediglich Assistent ist in einem Prozeß, der aus dem Unbewußten kommt und auf ein unbekanntes Ziel hinsteuert, löst im Yoga der Guru diesen Prozeß bewußt aus. Er ist aber nicht nur der Auslöser, er ist auch das Mittel, das den Schüler das Ziel erreichen läßt, und schließlich ist er dieses Ziel selbst. Swami Muktananda beschreibt den Guru als ein zeitloses und grundlegendes *Prinzip*, das auf zwei Stufen existiert. Die erste ist der «Höchste Guru», als kosmisches Prinzip, alldurchdringend und allwissend. Die zweite ist der individuelle Guru, von dem der Schüler Shaktipat erhält und unter dessen Leitung er zur Vollkommenheit geführt wird. In der Guru-Gita ist diese Doppelnatur des Guru in den folgenden Versen beschrieben:

> *Ich baue auf den Sadguru, die Verkörperung der Seligkeit, des Absoluten, den Spender höchsten Glücks. Er ist die verkörperte Weisheit und jenseits aller Dualität. Er ist wie der Himmel. Er ist das Objekt der vedantischen Erkenntnisse, wie «Du bist Das». Er ist das Absolute, Ewige, Reine, Unbewegliche, das Wissen aller Erkenntnis, jenseits aller mentalen Bedingtheiten und leer von allen drei Gunas.*

In seinem individuellen Aspekt ist das Guru-Prinzip die physische Form des Guru, durch welche es arbeitet. Der Guru ist jemand, der so gesättigt ist mit der göttlichen Gnadenkraft, daß er zu dieser selbst geworden ist. Er hat darum die Kraft, diese Gnade andern zu vermitteln und sie zu dem zu machen, was er selbst ist. Darum ist der Guru auch das Ziel. Swami Muktananda sagt über den Guru:

> «Wenn du den Guru annimmst, dann enthüllt er sich in dir; der äußere Guru existiert auch in dir selbst. Der lebende Guru gibt die Belehrung; auf die gleiche Weise lehrt dich der innere Guru. Durch Meditation und wahres Verständnis sollten wir versuchen, den *inneren Guru* zu erreichen.»[35] Er läßt hier keinen Zweifel darüber offen, daß das Ziel des Sadhana, die innere Entwicklung des Schülers, dessen *innerer Guru* oder das Selbst ist.

Wesen und Rolle des Guru stehen jenen des Analytikers also offensichtlich diametral gegenüber. Der Guru *ist* das lebende Symbol des Selbst, die *Quelle aller Gegensätze und auch deren Versöhnung,* überfließend in selbstloser Liebe. Vorbedingung jeder spirituellen Entwicklung ist darum die Übertragung von Liebe und Verehrung auf den Guru. Je stärker die Übertragung ist, um so tiefer und fester wird der Fortschritt auf dem inneren Weg sein. «Der wahre Schüler ist jener», sagt Swami Muktananda, »der seine Individualität vollkommen mit dem Guru verschmilzt. Ein solcher Schüler wird selbst zum Guru im Verlauf der Zeit.» Swami Muktananda spricht hier bewußt vom «wahren Schüler». Der wahre Schüler ist jener, der erkennt, daß es nicht die physische Erscheinung des Guru ist, auf die er seine Liebe und Verehrung überträgt; es ist der Guru, der «thront im Zentrum seines Herzens, rein und glänzend wie ein Kristall»[36], der aber in der bedingten Form eines menschlichen Guru in seiner ganzen Fülle gegenwärtig ist. In *diesem* Sinn ist die äußere Erscheinung des Guru von seinem transzendenten Aspekt nicht verschieden. Die Gefahr der *falschen Übertragung* beginnt dort, wo der Schüler diesen Zusammenhang nicht erkennt und dadurch in eine Abhängigkeit von der äußeren Erscheinung des Guruprinzips gerät. Wie auch der Analytiker in der Analyse wird der Guru in einem solchen Fall nach gegebener Zeit beginnen, diese falsche Bindung aufzulösen und den Sucher auf das wahre Ziel seiner Liebe und Verehrung hinzulenken, nämlich auf seinen inneren Guru, der identisch ist mit seinem Selbst. Wie die Heiligen Schriften erzählen und viele Siddha-Yoga-Schüler aus eigener Erfahrung zu berichten wissen, führt der Guru eine solche Ablösung, wenn die Zeit reif ist, oft unter Anwendung recht drastischer Mittel herbei. Sobald aber der Schüler den Sinn und die Notwendigkeit dieser Ablösung erkannt hat, wird er wieder seine ganze Liebe dem Guru zuwenden und sich seinen Anordnungen unterwerfen, aber nicht mehr in blinder Abhängigkeit, sondern aus Einsicht in das, was ihm geschieht, und in völliger Freiheit. Denn er weiß jetzt, daß das in den Schriften geforderte Verschmelzen mit dem Guru nichts anderes ist als das Verschmelzen mit seinem eigenen Selbst.

Im Osten hat sich in der Arbeit von vielen Generationen in Jahrtausenden ein Kanon gebildet, der es einem erfahrenen Guru gestattet, das für die jeweilige innere Lage entsprechende Bild zu wissen und vorzuweisen. Einen solchen Kanon haben wir nicht. Wir greifen daher über unsere Kompetenz hinaus, wenn wir dem Suchenden mehr als bestenfalls Vorschläge machen. Und auch diese werden wir nicht allgemein gültigen Regeln entnehmen können, sondern wir müssen zusehen, was der Analysand hervorbringt, und das Wachsen dieser Keime mit unserem Instinkt und unserer Erfahrung fördern.[37] Darum lehnt der Analytiker die Rolle des Alten Weisen ab, wie Jung in seinen Erinnerungen betont:

> Wenn man sagt, ich sei weise oder ein «Wissender», so kann ich das nicht akzeptieren. Es hat einmal Einer einen Hut voll Wasser aus einem Strom geschöpft. Was bedeutet das schon? Ich bin nicht dieser Strom. Ich bin an dem Strom, aber ich mache nichts. Die andern sind an demselben Strom, aber meist finden sie, sie müßten es selbst machen. Ich mache nichts. Ich denke nie, ich sei es, der dafür zu sorgen hätte, daß die Kirschen Stiele bekommen. Ich stehe da, bewundernd, was die Natur vermag.[38]

3.
Die Sprachlosigkeit Jungs

Nach Beendigung des Buches über die *Wandlungen und Symbole der Libido* (1911) war es Jung während dreier Jahre unmöglich, auch nur ein wissenschaftliches Buch zu lesen. Es entstand in ihm das Gefühl, in der Welt des Intellekts nicht mehr mitmachen zu können. «Ich hätte auch über das, was mich beschäftigte, nicht reden können. Das aus dem Unbewußten zutage geförderte Material hatte mich sozusagen sprachlos gelassen», schrieb Jung in seinen Erinnerungen. Er stand derart stark unter dem Eindruck seiner Begegnung mit dem Numinosen, daß er auf eine akademische Karriere verzichtete, um sich ganz seinem Unbewußten zuwenden zu können. «Die Konsequenz meines Entschlusses und meiner Beschäftigung mit Dingen, die weder ich noch andere verstehen konnten, war eine große Einsamkeit. Das wurde mir sehr bald klar. Ich trug Gedanken mit mir herum, über die ich mit niemandem sprechen konnte; sie wären nur mißverstanden worden.» So mußte er nach seinen Erfahrungen zunächst daran gehen, den ihm Nahestehenden eine neue «manière de voir» (eine neue Sichtweise) beizubringen, denn er wußte, daß er zu absoluter Einsamkeit verdammt sein würde, wenn ihm dies nicht gelänge.

Im Rückblick auf sein Leben gesteht Jung, daß es ihm nie ganz gelungen ist, diese Einsamkeit zu überwinden.

> Als Kind fühlte ich mich einsam, und ich bin es heute noch, weil ich viele Dinge weiß und andeuten muß, von denen die andern anscheinend nichts wissen und meistens auch gar nicht wissen wollen. . . . Wenn ein Mensch mehr weiß als andere, wird er einsam. Einsamkeit steht aber nicht notwendigerweise im Gegensatz zu Gemeinschaft, indem nämlich niemand Gemeinschaft mehr empfindet als der Einsame, und Gemeinschaft blüht nur dort, wo jeder Einzelne sich seiner Eigenart erinnert und sich nicht mit dem andern identifiziert.[1]

Was waren denn das für «Dinge, die man nicht mitteilen kann», und «Gedanken, die den andern als unwahrscheinlich gelten»? Worüber wollte und mußte Jung schweigen? Es ist dies wohl eine Erfahrung, eine «Vision», die sich dem Begrifflichen entzieht und dort zu suchen ist, wo das Reich des Faszinosum und Tremendum ist, in dem, was Rudolf Otto *«Das Heilige»* nennt. Diese Erfahrung war für Jung der Anstoß für einen lebenslangen Versuch, ihr einen gültigen Ausdruck zu geben. Letztlich führte ihn dies zum Individuationsprozeß. Dieser scheint nun nicht etwa das abschließende Ziel zu sein, sondern eine spezifische Vorbereitung des westlichen Menschen für eine Erfahrung, die er ohne diesen Prozeß weder begreifen noch integrieren noch ertragen könnte. Es geht um die Erfahrung eines Menschen, «der die vollständige Aufhebung seines Ego im absoluten, durch Christus versus Satan symbolisierten, Konflikt erlitten hat.» Jung meint damit die *Einheit des Heiligen Geistes,* also den pneumatischen Zustand, den der Schöpfer nach der Phase der Menschwerdung erreicht. Dieser Zustand bedeutet eine Wiederherstellung der ursprünglichen Einheit des Unbewußten auf der Stufe der Bewußtheit, auf den das Wort Christi anspielt: «Ihr seid Götter.» Es ist die künftige Entwicklung vom christlichen Aeon des Sohnes zum Aeon des Heiligen Geistes, die Gioacchino da Fiori das *evangelium aeternum* nennt. Eine solche Vision verleiht die göttliche Gnade als eine Art *Consolamentum,* auf daß der Mensch in der Zeit der Dunkelheit nicht ganz in Hoffnungslosigkeit versinke. Denn vom Standpunkt der Historie aus befinden wir uns in der Phase der Dunkelheit. Diese sieht Jung im *adventus diaboli,* im Kommen des Gegenspielers Christi, den er aber nicht etwa als eine Entwertung des christlichen

Symbols betrachtet, sondern als dessen *Ergänzung*. Diese ist die Voraussetzung für eine «geheimnisvolle Wandlung auf beiden Seiten».

Jung betrachtet es als seine Aufgabe, in die Zukunft zu schauen und von künftigen Dingen zu reden.

> Aber ich muß mich sehr hüten, das Bestehende nicht zu zerstören. Niemand ist so töricht, das Fundament des Hauses zu zerstören, wenn er ein neues Stockwerk baut. ... Wenn ich feststelle, daß Christus kein vollständiges Symbol des Selbst ist, mache ich es nicht dadurch vollständiger, daß ich es verwerfe. Ich muß es bewahren und zu diesem lumen de lumine die Dunkelheit fügen, um das Symbol des vollkommenen Gegensatzes in Gott zu gestalten. So nähere ich mich dem Ende des christlichen Aeons und muß an die Erwartung des Gioacchino da Fiori wie auch an die Vorhersage Christi über das Kommen des Parakleten anknüpfen. Dieses archetypische Drama ist zugleich exquisit psychologisch und historisch. Wir leben in einer Zeit der Weltspaltung und der Entwertung Christi. Aber die Antizipation einer fernen Zukunft ist kein Ausweg aus der gegebenen Situation. Sie ist bloß ein «consolamentum» für jene, die über den grauenhaften Möglichkeiten unserer Zeit verzweifeln.

Die große Aufgabe der *Gegenwart* sieht Jung in der Auseinandersetzung mit dem Schatten, jene der Zukunft in der «Einheit des Heiligen Geistes», jenes Erlösungswerkes, das Gott selber durch Christus an der Menschheit als Vorbild gewissermaßen ausgeführt hat. Der Stoff dieses Erlösungswerkes, der das göttliche Geheimnis enthält, ist überall zu finden; man findet ihn nach den Alchemisten sogar im abscheulichsten Dreck. Dieses opus ist darum kein rituelles *officium* mehr, sondern ein individuelles *opus,* das vom Philosophen durch das *donum spiritus sancti,* nämlich durch die göttliche Kunst erkannt wird.[2] Dieser «billige Stoff», der da überall zu haben ist, ist jene Energie, die Freud in der Form der Sexualität faszinierte und Reich als Orgon-Energie in ihren Bann schlug. Der Stoff ist jene allesdurchdringende Libido, deren Wesen Jung als reine Energie erkannte und die im Osten als Kundalini erfahren wird. Dieser Stoff ist die «kinetische Energie von Pfingsten», als welche Kurt Koch den

Abb. 8

C. G. Jung
(Foto Guido Cerf)

Heiligen Geist auch bezeichnete.[3] Die Wirkungen dieser Energie zu erfahren ist aber ein absolut individuelles Ereignis, was auch die Alchemisten immer wieder betonen: «Wer durch den Geist eines andern und durch eine bezahlte Hand arbeitet, der wird Resultate sehen, die der Wahrheit fern sind, und umgekehrt wird der, welcher einem andern als Laboratoriumsgehilfe Dienste leistet, niemals zu den Mysterien der Königin zugelassen werden.»[4] Psychologisch bedeutet dies, daß die Abhängigkeit in einem Meister-Schüler-Verhältnis zu keiner Wandlung führen wird. Letztlich steht der Adept diesem Stoff oder Geist allein gegenüber, bis er erkennt, daß er von diesem nicht unterschieden ist.

Nach den dogmatischen Voraussetzungen des Christentums ist Gott in jeder der drei Personen «ganz», also ist er auch ganz in jedem Teil des Heiligen Geistes, d. h. auch im «Stoff» der Alchemisten. Auf diese Weise, sagt Jung, kann jeder Mensch des ganzen Gottes und damit der *filiatio,* der Gotteskindschaft, teilhaftig werden. Die *complexio oppositorum* des Gottesbildes tritt damit in den Menschen ein, und zwar nicht als Einheit, sondern als Konflikt, indem sich die dunkle Hälfte des Bildes an der Vorstellung stößt, daß Gott nur «licht» sei. Jung sagt dann wörtlich:

> Dieser Vorgang ist es, der sich in unserer Zeit abspielt, ohne von den zuständigen Lehrern der Menschen begriffen zu werden, obwohl es ihre Aufgabe wäre, diese Dinge zu erkennen. Man ist zwar überzeugt davon, daß wir an einer bedeutsamen Wende der Zeiten stehen, meint aber, sie sei durch Fission und Fusion des Atoms oder die Weltraumrakete herbeigeführt worden. Man übersieht, wie gewöhnlich, das, was gleichzeitig in der menschlichen Seele geschieht.[5]

Nach Jung sollte die Weiterentwicklung des Mythos dort anknüpfen, wo der Heilige Geist sich an die Apostel austeilte und sie zu Gottessöhnen machte, und nicht nur sie, sondern alle anderen, die durch sie und nach ihnen die *filiatio,* die Gotteskindschaft, empfingen. Sie wurden dadurch der Gewißheit teilhaftig, daß sie nicht nur erdentsprossene animalia waren, sondern als zweimal Geborene in der Gottheit selbst wurzeln.[6]

Jung hat diese Gedanken vor mehr als einem Vierteljahrhundert ausgesprochen. Es waren Andeutungen und Hinweise auf eine Erfahrung, für die er die westliche Gesellschaft damals als noch nicht reif genug erachtete. Zuerst mußte sie wieder zu der von Kirche und Wissenschaft verdrängten schöpferischen Phantasie finden, in einer Nachtmeerfahrt die «Höhle der Phantasie» wieder erfahren und integrieren. Erst wenn der westliche Mensch diesen Weg erfolgreich besteht, ist er reif für den «Raum der Kraft» oder das Reich des Heiligen Geistes. Wenn man der schöpferischen Phantasie alle Freiheit läßt, meint Jung, so ist zu vermuten, daß sie den Einzelnen dazu bringt, in sich selbst einen göttlichen Funken zu entdecken.[7] Die Kirche aber fürchtete das individuelle Hervorbringen von Symbolen und hat dies bis heute um jeden Preis unterbunden.

Die apokalyptische Weltlage scheint heute aber immer mehr Menschen bereit zu machen, das *Consolamentum* des Heiligen Geistes zu empfangen. Da er bekanntlich weht, wo *er* will, kommt er offenbar für einige als Funken aus dem Osten. Im Westen scheinen sich in der Charismatischen Bewegung innerhalb der katholischen Kirche[8] und in der Pfingstbewegung im Protestantismus[9] Erfahrungswege zu öffnen. Die Erlebnisse innerhalb dieser Bewegungen werden als neue Gefühle von Freude und Freiheit beschrieben, die auch in den *Sinnen* verspürt werden. Wie im Siddha-Yoga ist auch der Leib beteiligt in Händeklatschen, Aufheben der Arme, Schreien und Lärmen, stark rhythmischen Liedern, Tanz und *Handauflegen*. Yves Congard, der sich mit seiner theologischen Arbeit am zweiten Vatikanischen Konzil und dessen Folgerungen maßgebend beteiligt hat, hält dafür, daß diese christlichen Erneuerungsbewegungen eine andere christliche Praxis in die Wege leiten könnten. Er zweifelt aber daran, daß diese Bewegung, so wie sie in Erscheinung tritt, sich auf die Kirche als ganzes erstrecken kann.[10] Für viele, so scheint mir, werden wohl auch diese Wege verschlossen bleiben. Für sie gibt es aber einen anderen begehbaren Weg, eine dem Yoga analoge Entwicklung: den Weg der psychologischen Erfahrung. Er mag im Vergleich zu den indischen und ostasiatischen Systemen und zu der reichen Tradition insbesondere der katholischen Kirche arm aussehen, aber wir stehen – wie G. R. Heyer[11] meint – erst am Beginn. Es war C. G. Jung, der auf diesem Weg die entscheidenden Schritte tat.

Noch für Freud war das Unbewußte lediglich eine Sphäre des Verdrängten. Jung zeigte aber dem Westen, daß das Unbewußte eine autonome Welt ist.

4.
Ein Rückblick

Swami Muktananda betrachtete sich als einen in der Siddha-Tradition stehenden Guru, einen Sadguru, einen erleuchteten Meister, der fähig ist, Shaktipat zu übertragen, d. h. die Kundalini zu erwecken. Noch bevor ich ihm persönlich begegnete, sagte ich einmal zu meinem Freund Vincent Carter, daß ein vollkommener Guru nach meinem Verständnis sowohl das Gute als auch das Böse in absoluter Form in sich schließen müsse. Vincent zögerte keinen Augenblick, mir zuzustimmen. «Weißt Du», sagte er zu mir, «da sind seine Augen. Die umhüllen Dich mit Liebe, so wie keine Mutter ihr Kind mit Liebe umhüllen könnte. Doch dann sehe ich aus ihnen etwas aufblitzen, das mich erschreckt, das mich vor Furcht in den Boden versinken läßt.»

Kein Zweifel: Swami Muktananda war kein «milde glänzender und nur vor Liebe triefender Guru». Er *war* Liebe. Er verkörperte aber auch ein Feuer, das verbrennen konnte. Er war ohne jeden Zweifel ein vom «Archetyp Ergriffener», der nicht mehr als persönlicher Mensch seine Aussage machte, in dem sich vielmehr der Archetyp ausdrückte. Vieles, was an Paradoxem in seinem Leben und Wirken zu beobachten war, kann nur aus dieser Sicht annähernd begriffen werden. Für den Inder gehört es zum Wesen des Guru, daß er auch ein «schrecklicher Mann» ist. Er zieht die Menschen an und wirft dann mit Steinen nach ihnen. Er spricht von Reinheit und sitzt auf einem Misthaufen. Er predigt Enthaltsamkeit und praktiziert vielleicht selber Sex. Er umarmt dich heute und verstößt dich morgen. Die Erfahrung zeigt, daß der westliche Mensch – sogar alte und treuergebene Schüler eines Guru – diese Gegensatzspannung auf die Dauer oft nicht aushält. Viele sind dem, was Ganzheit in *Wirklichkeit* bedeutet, nicht gewachsen. Alle aber, die Swami Muktananda näherkamen – auch solche, die sich von ihm abwenden –, bekennen, daß sie Wunderbares erfahren haben und daß diese Begegnung ihr Leben gewandelt hat. Dies Buch ist ein Versuch, diesem Wunderbaren etwas näher zu kommen. Es ist mein persönlicher «approach», der keineswegs etwas «Allgemeingültiges» aussagen möchte. Viele Aussagen sind subjektiv; vieles Wichtige konnte ich nur am Rande streifen oder mußte es ganz weglassen. Die Arbeit an diesem Buch hat mir aber Wesentliches, das im Zauberkreis der Wandlung geschieht, besser verständlich und zugänglicher gemacht. Vor allem glaube ich heute besser zu begreifen, was Jung dem westlichen Menschen sagen will, aber auch, worüber er damals noch schweigen mußte.

Ich kann und will mir kein endgültiges Urteil darüber bilden, welchen Platz die Erfahrung mit dem Siddha-Yoga in meinem Weltbild heute einnimmt. Ich kann mir auch kein Urteil darüber bilden, welche Bedeutung die Botschaft des Ostens an den Westen letztlich hat für die vielen, die sie heute erfahren. Dies weiß wohl nur «die kinetische Energie von Pfingsten», der neue Geist, der offensichtlich kräftig zu wehen beginnt. Ich könnte den Ort, an dem ich heute stehe, nicht besser ausdrücken als mit den Worten Jungs am Abend seines Lebens:

> Ich bin über mich erstaunt, enttäuscht, erfreut. Ich bin betrübt, niedergeschlagen, enthusiastisch. Ich bin das alles und kann die Summe nicht ziehen. Ich bin außerstande, einen definitiven Wert oder Unwert festzustellen, ich habe kein Urteil über mich und über mein Leben. In nichts bin ich ganz sicher. Ich weiß nur, daß ich geboren wurde und existiere, und es ist mir, als ob ich getragen würde. Ich existiere auf der Grundlage von etwas, das ich nicht kenne. Trotz dieser Unsicherheit fühle ich eine Solidität des Bestehenden und eine Kontinuität des Soseins.

Wie kann ich je
das Geheime Wort aussprechen?
Wie kann ich sagen,
er ist nicht dies,
sondern das?
Wenn ich sage, er ist in mir,
dann ist das All beschämt.
Wenn ich sage,
er ist außer mir,
dann ist es Lüge.

Er vereint
die inneren und die äußeren Welten
zu einer einzigen unteilbaren.
Das Bewußte und das Unbewußte
sind beides Schemel seiner Füße.
Er ist weder offenbar, noch verborgen,
nicht enthüllt, noch verhüllt:
Es gibt keine Worte,
die aussprechen könnten,
was er ist.

Kabir

Anmerkungen

Vorwort

[1] ETG, S. 280
[2] Marie-Louise von Franz: Die Erlösung des Weiblichem im Manne, Insel Verlag, S. 225 ff.

I. Begegnung mit dem Osten

[1] ETG, S. 288
[2] Barbara Hannah: C. G. Jung, sein Leben und Werk, S. 298
[3] A. Ribi: Zum schöpferischen Prozeß bei C. G. Jung, Zeitschrift für analytische Psychologie, Nr. 13/3/82
[4] ETG, S. 278
[5] ETG, S. 281 ff.
[6] ETG, S. 287
[7] Barbara Hannah, l. c., S. 308
[8] ETG, S. 278
[9] Barbara Hannah, l. c., S. 301
[10] ETG, S. 278 ff.
[11] C. G. Jung: Über die Archetypen des kollektiven Unbewußten, Eranos Jahrbuch 1934/2, S. 191
[12] C. G. Jung: l. c., S. 192
[13] Barbara Hannah, l. c., S. 232
[14] C. G. Jung: Briefe, Bd. 2, S. 61
[15] C. G. Jung: Briefe, Bd. 1, S. 130
[16] C. G. Jung: Seelenprobleme der Gegenwart, Rascher Verlag, S. 385

[17] C. G. Jung: Seelenprobleme der Gegenwart, Rascher Verlag, S. 385
[18] C. G. Jung: Über die Archetypen des kollektiven Unbewußten, Eranos 1934/2, S. 190
[19] C. G. Jung: Seelenprobleme der Gegenwart, Rascher Verlag, S. 374 ff.
[20] ETG, S. 334
[21] Barbara Hannah, l. c. S. 125
[22] C. G. Jung, GW 18/2, S. 749, Beitrag zu Karl Eugen Neumann «Die Reden Gotamo Buddhos»
[23] G. Schmid: Jugendreligionen als Gegenstand der Religionswissenschaft, Bulletin Nr. 3./81 der SGR
[24] C. G. Jung: Seelenprobleme der Gegenwart, Rascher Verlag, S. 360
[25] Swami Muktananda: A search for the self, Gurudev Siddha Peeth, Ganeshpuri, S. 94 ff.
[26] C. G. Jung: Seelenprobleme der Gegenwart, Rascher Verlag, S. 382
[27] Jean Gebser: Asien lächelt anders, Novalis Verlag GW BD VI, S. 181
[28] C. G. Jung: Seelenprobleme der Gegenwart, Rascher Verlag, S. 260
[29] ETG, S. 282 ff.
[30] ITA: International Transpersonal Association, Big Sur, (Calif.)
[31] East and West, Ancient Wisdom and modern Science, Bombay, 14.–20. Februar 1982
[32] C. G. Jung: GW 18/2, Über die Entwicklung der Persönlichkeit, S. 882
[33] ETG, S. 299
[34] Swami Muktananda Paramahansa: Spiel des Bewußtseins, Aurum Verlag, S. 125 ff.
[35] Irina Tweedie: Wie Phönix aus der Asche. Mein Abenteuer der Selbstfindung auf dem Weg der Sufis, dem «Pfad der Liebe», O. W. Barth Verlag, S. 92
[36] C. G. Jung: Briefe, Bd. 1, S. 220
[37] Eugen Bleuler: Lehrbuch der Psychiatrie, Springer Verlag, S. 391 ff.
[38] Barbara Hannah: l. c., S. 100
[39] Guru: Skt. Gu = Dunkel, Ru = Licht
[40] C. G. Jung: Commentary on Kundalini Yoga, Spring Publ. New York 1975, S. 14
[41] C. G. Jung: Seelenprobleme der Gegenwart, Rascher Verlag, S. 373
[42] B. N. Pandit: Aspects of Kashmir Shaivism, Upal Publ., Srinagar
[43] C. G. Jung: ETG, S. 355

II. Siddha Yoga

1. Swami Muktananda: Künder des Siddha-Yoga

[1] Swami Muktananda: l. c., S. 35
[2] Swami Prajnananda: A Search for the self. The story of Swami Muktananda. Gurudev Siddha Peeth, Ganeshpuri.

[3] Jan Gonda: l. c., Bd. II, S. 229 ff.
[4] Paramahansa Yogananda, Autobiographie eines Yogi, S. 239 ff., O. W. Barth Verlag
[5] Armin Wanner: Visionen und Erfahrungen des zeitgenössischen indischen Yogi Swami Muktananda Paramahansa. A. Wanner interpretiert hier Muktanandas Erfahrungen im Licht der Jungschen Psychologie.
[6] Aus: Sri Gurudev Paduka-Pancakam (Fünf Stanzen auf die Sandalen des Guru), Chanting Japa, Shree Gurudev Ashram, Ganeshpuri
[7] Swami Muktananda, l. c., S. 102
[8] C. G. Jung: ETG, S. 26
[9] Swami Muktananda: Spiel des Bewußtseins, l. c.
[10] Mircea Eliade: l. c., S. 314
[11] Jan Gonda: l. c., S. 222

2. Von den Wurzeln des Siddha-Yoga

* Für diesen religionsgeschichtlichen Rückblick wurde folgende Literatur herangezogen:
  - Jan Gonda: Die Religionen Indiens, Kohlhammer Verlag, Stuttgart
  - Gustav Mensching: Die Weltreligionen, Carl Habel, Verlagsbuchhandlung, Darmstadt
  - Thomas R. Trautmann: Hinduismus, in «Die Religionen der Welt», Ebeling Verlag, Wiesbaden
  - Hans A. Bräker: Der Weg nach Asien, Ex Libris, Zürich

[1] Mircea Eliade: Yoga, S. 363, Rascher Verlag, Zürich
[2] Jan Gonda: l. c., Bd. II, S. 188
[3] Frédéric Spiegelberg: Die lebenden Weltreligionen, Insel Verlag, S. 253
[4] Jan gonda: l. c., S. 219 ff.
[5] Mircea Eliade: l. c., S. 310 ff.
[6] Mircea Eliade: l. c., S. 311
[7] Swami Muktananda: Understanding Siddha Yoga, Gurudev Siddha Peeth, Ganeshpuri, Bd. I, S. 52
[8] Swami Muktananda: l. c., S. 88
[9] Jan Gonda: l. c., Bd. II, S. 26 ff.
[10] Jan Gonda: l. c., Bd. II, S. 45
[11] Jan Gonda: l. c., Bd. II, S. 45
[12]
  - Nyaya = Dialektik
  - Vaisheshika = indische Atomistik
  - Samkhya = Lehre von den 2 unerschaffenen Substanzen
  - Yoga = Lehre und Praxis des körperlichen und seelischen Trainings
  - Purva Mimamsa = Erörterung über den Sinn des Veda
  - Vedanta = Ende des Veda

[13] Mircea Eliade: l. c., S. 288

14 Mircea Eliade: l. c., S. 289
15 Mircea Eliade: l. c., S. 290 ff.

3. Philosophische Grundlagen des Siddha-Yoga

1 Paul Deussen: Die Sutra's des Vedanta, Georg Olmas Verlag, Hildesheim.
2 Shankara: Das Kleinod der Unterscheidung (Vivekacudamani), O. W. Barth Verlag, S. 7 ff.
3 Rudolf Otto: West-östliche Mystik, Gütersloher Verlagshaus, S. 3 ff.
4 D. T. Suzuki: Der westliche und der östliche Weg, Ullstein Materialien, S. 13 ff.
5 Shankara: l. c., S. 159 (Nachwort Friedrichs)
6 H. Zimmer: Philosophie und Religion Indiens, Suhrkamp TB, S. 370
7 C. G. Jung: Studien über alchemistische Vorstellungen, GW Bd. 13, S. 257
8 H. Zimmer: l. c., S. 380
9 Mircea Eliade: l. c., S. 27
10 C. G. Jung, GW 9.1., Die psychologischen Aspekte des Mutterarchetypus, S. 97
11 C. G. Jung: GW 9.1., l. c., S. 97
12 H. Zimmer: l. c., S. 385 ff.
13 Für dieses Kapitel wurde im wesentlichen die folgende Literatur herangezogen:
- Hauptwerke des Kashmirischen Shaivismus, nämlich
  Shiva-Sutras,
  Spanda-Karikas,
  Pratyabhijnahrdayam
  Vijnanabhairava,
  alle ins Englische übersetzt und kommentiert von
  Jaideva Singh und publiziert im Motilal Verlag, New Delhi
- Swami Tejomayananda: Introduction to Kashmir Shaivism, Shree Gurudev Ashram, Ganeshpuri
- Swami Muktananda: The Secret of the Siddhas, publ. by SYDA-Foundation, South Fallburg, NY
- Jan Gonda: Die Religionen Indiens, Bd. II, W. Kohlhammer Verlag, Stuttgart

14 Swami Tejomayananda: l. c., Vorwort Amma
15 Jan Gonda: l. c., Bd. II, S. 225
16 Dieser außerordentliche Reichtum an Literatur ist im allgemeinen bekannt als Shiva-Sasana oder Shiva-Agama. Der eigentliche Kashmirische Shaivismus ist bekannt als Trika-Sasana oder Trika-Sastra oder Rahasya-Sampradaya. Ein Sastra oder Sasana bedeutet in Indien nie bloß eine intellektuelle Darstellung eines Systems. Wohl erklärt es die grundlegenden Prinzipien der Realität, gleichzeitig aber immer auch bestimmte Verhaltensweisen, die von

dem zu beachten sind, der ein besonderes Sastra studiert, eine Voraussetzung, die wir auch vom Vedanta her kennen. Die Literatur des Trika-Systems, wie der Kashmirische Shaivismus auch genannt wird (der Philosophie der Dreizahl, u. a. Shiva, Shakti und Anu als Gottes atomistische Selbstlimitation u. a.), kann in drei Teile gegliedert werden:
– das Agama-Sastra
– das Spanda-Sastra und
– das Pratyabhijna-Sastra.
Das Agama ist übermenschlichen Ursprungs und wird als Offenbarung Shivas betrachtet. Es gibt verschiedene Agamas oder Tantras. Das wichtigste Agama des Trika-Systems ist bekannt als die *Shiva-Sutras,* welche nach der Tradition von Shiva dem Seher Vasugupta geoffenbart wurden. Sie sind im Prinzip eine Abhandlung über Yoga, aber eines Yoga, dem ein bestimmtes philosophisches System zugrunde liegt, nämlich der Kashmirische Shaivismus. Das *Spanda-Sastra* wurde angeblich von Vasugupta oder seinem Schüler Kallata verfaßt und enthält eine ausführliche Behandlung der Lehre. Hauptwerk der Spanda-Sastra sind die *Spanda-Sutras* oder *Spanda-Karikas,* die eine Art von Kommentar zu den Shiva-Sutras sind und welche die Vibration als den uranfänglichen Unterschied zwischen Erkenntnis und Objekt der Erkenntnis behandeln. Das *Pratyabhijna-Sastra* schließlich ist die eigentliche Philosophie des Systems und besteht im wesentlichen aus Argumenten und Gegenargumenten, Diskussionen und Beweisführungen. Eine Zusammenfassung davon ist das *Pratyabhijnardayam* des Khusemaraja, eines Schülers des Philosophen, Tantra- und Yogameisters Abhinavagupta (9. Jh.).

17 C. G. Jung: Psychologischer Kommentar über Kundalini-Yoga, Spring Publ., New York City 1975 und 1976

4. Die Praxis des Siddha-Yoga

1 Gopi Krishna: Die neue Dimension des Yoga, S. 8, O. W. Barth Verlag
2 Bhagavad Gita: S. 1 ff., Rascher Verlag, Zürich
3 Patanjali: Die Wurzeln des Yoga, O. W. Barth Verlag
4 M. Eliade: l. c., S. 12
5 Jaideva Singh: Shivasutra's, S. 12, Motilal Verlag, Delhi
6 Swami Muktananda: Von der Natur Gottes, S. 36, Aurum Verlag
7 A. Avalon: Die Schlangenkraft, S. 177 ff., O. W. Barth Verlag
8 So auch C. G. Jung: GW 11, Psychologischer Kommentar zum Bardo Thödol, S. 560
9 Zitiert bei A. Avalon, l. c., S. 173
10 R. Wilhelm und C. G. Jung: Das Geheimnis der goldenen Blüte, S. 144, Rascher Verlag, Zürich
11 Apg. 2 I

[12] Swami Muktananda: Von der Natur Gottes, S. 25, Aurum Verlag
[13] Bhagavad Gita VII/19
[14] Swami Muktananda: l. c., S. 25
[15] S. 63 ff. dieser Arbeit
[16] Swami Muktananda: l. c., S. 36
[17] M. Eliade: l. c., S. 215
[18] Aghananda Bharati: l. c., S. 37
[19] R. Hummel: l. c., S. 26
[20] R. Hummel: l. c., S. 20
[21] Swami Muktananda: Spiel des Bewußtseins, S. 58
[22] Patanjali, Yogasutras, 26: «Purvesham api guruh kalena anavacchedat.»
[23] J. W. Hauer: l. c., S. 433
[24] Shiva-Sutras: l. c., S. 102 ff.
[25] Shiva-Sutras: l. c., S. 103 ff.
[26] Kathaka Upanishad: l. c., S. 163
[27] Shiva-Sutras 2/6, l. c.
[28] Swami Muktananda: Spiel des Bewußtseins, l. c., S. 55
[29] Guru Gita: l. c.
[30] Swami Muktananda: La Méditation Siddha, Libr. d'Amérique et d'Orient, Paris, S. 78
[31] Mt. 4,1
[32] Mt. 4,9
[33] C. G. Jung: GW 7, Die Beziehungen zwischen dem Ich und dem Unbewußten, S. 256
[34] C. G. Jung: GW 5, Symbole der Wandlung, S. 105
[35] Guru Gita: l. c., Verse 95 und 119
[36] Erwin Rousselle: Seelische Führung im Taoismus, Eranos Jahrbuch 1933/I, S. 228
[37] S. Kap. 4.2.2, Pati oder das Wesen der höchsten Realität
[38] Swami Muktananda: Von der Natur Gottes, l. c., S. 28
[39] A. Bharati, l. c., S. 151
[40] Swami Muktananda: Understanding Siddha-Yoga, l. c., S. 18 ff.
[41] Swami Muktananda: l. c., S. 19
[42] Swami Muktananda: S. 26 ff. Aurum Verlag
[43] A. Bharati: l. c., S. 156
[44] J. H. Pierce: Die heilende Kraft, S. 185, R. Wunderlich Verlag
[45] Swami Muktananda: Understanding Siddha Yoga, l. c., S. 20 ff.
[46] Swami Muktananda: Spiel des Bewußtseins, l. c., S. 62 ff.
[47] Harish Johari: Das große Chakrabuch, S. 12, Bauer Verlag
[48] C. G. Jung: GW 11, Yoga und der Westen, S. 579
[49] C. G. Jung: Psychologischer Kommentar über Kundalini-Yoga, Spring Publ. 1975 und 1976, New-York
[50] Pratyabhijnahrdayam: l. c., S. 34
[51] Swami Muktananda: Spiel des Bewußtseins, l. c., S. 65

[52] Swami Yatiswarananda: Religiöse Hindusymbolik, Eranos-Jahrbuch 1934/ Ii, S. 491
[53] Von der Sanskritwurzel «Nad», was Bewegung, Vibration, bedeutet.
[54] Ajit Mookerjee: Kundalini, S. 12 ff., Clarion Books, Delhi
[55] Jaideva Singh: Vijnanabhairava, l. c., S. XV
[56] James Hillman: Psychologischer Kommentar zu Gopi Krishnas «Kundalini», l. c., S. 78 ff.
[57] J. W. Hauer: Symbole der Erfahrung des Selbst, Eranos Jahrbuch 1934/II, S. 86
[58] Yves Congar: Der heilige Geist, S. 19, Herder Verlag, Freiburg
[59] Betr. die drei Gunas: s. Seite 75 dieser Arbeit
[60] A. Avalon, l. c., S. 188
[61] Gopi Krishna: Kundalini: l. c.
[62] Barbara Hannah: l. c., S. 255
[63] Ajit Mookerjee: l. c., S. 53 ff.
[64] C. G. Jung: Psychologischer Kommentar über Kundalini-Yoga, l. c., Spring Publ. NY 1975, S. 15
[65] C. G. Jung: l. c., S. 15
[66] C. G. Jung: l. c., S. 26
[67] Im Siddha-Yoga wird den Füßen des Gurus höchste Verehrung entgegengebracht, die in ergreifenden Liedern Ausdruck findet.
[68] C. G. Jung: l. c. (1976), S. 2
[69] C. G. Jung: l. c., S. 6
[70] C. G. Jung: l. c., S. 8 ff.
[71] C. G. Jung: l. c., S. 16
[72] A. Mookerjee: l. c., S. 54
[73] C. G. Jung: l. c., S. 19
[74] A. Mookerjee: l. c., S. 56
[75] C. G. Jung: l. c., S. 17
[76] C. G. Jung: l. c., S. 22
[77] C. G. Jung: l. c., S. 23 ff.
[78] C. G. Jung: l. c., S. 25
[79] C. G. Jung: l. c., S. 27
[80] C. G. Jung: Vorwort zu W. Y. Evans-Wentz, Der Geheime Pfad zur großen Befreiung, S. 45, O. W. Barth Verlag
[81] Siehe Kapitel 2, S. 32 f
[82] Jaideva Singh: l. c., S. 66
[83] Jaideva Singh: Vijnabhairava, l. c., S. 67
[84] A. Avalon: l. c., S. 143
[85] A. Avalon: l. c., S. 143
[86] A. Avalon: l. c., S. 135
[87] H. Zimmer: Philosophie Indiens, S. 388 Fußnote, Suhrkamp TB.
[88] Erwin Rousselle: Seelische Führung im Taoismus, Eranos Jahrbuch 1933/I, S. 156

89 Erwin Rousselle: l. c., S. 190
90 Jakob Böhme: Aurora, 9/28 und 29, Aurum Verlag
91 Johannes vom Kreuz: Herausgegeben von J. Boldt, S. 179, Ex Libris Verlag
92 Johannes vom Kreuz: l. c., S. 185 ff.
93 C. G. Jung: Psychologische Interpretation von Kinderträumen, Seminar 1938/39, S. 45 und S. 173 ff.
94 Über die entsprechende Störung bei der Frau siehe C. G. Jung: Kindertraumseminar, l. c., S. 45
95 S. Kapitel 2, S. 42 f dieser Arbeit
96 Swami Muktananda: Spiel des Bewußtseins, l. c., S. 216 ff.

III. Siddha-Yoga und Individuation

1. Das Problem der psychischen Energetik

1 B. Hannah: l. c., S. 187
2 C. G. Jung: ETG, l. c., S. 154
3 Leonhard Schlegel: Grundriß der Tiefenpsychologie 2, Francke Verlag, S. 102
4 Wilhelm Reich: Die Entdeckung des Orgons II, Fischer Verlag, S. 34
5 Wilhelm Reich: l. c. I, S. 17
6 Wilhelm Reich: l. c. II, S. 49
7 Wilhelm Reich: l. c. I, S. 35
8 Jaideva Singh: Spanda Karikas, l. c., S. XVIII
9 Dieter Wyss: Die tiefenpsychologischen Schulen, Vanderhoeck u. Ruprecht, Göttingen, S. 154 ff.
10 Fritjof Capra: Wendezeit, Scherz Verlag, Bern, S. 384 ff.
11 C. G. Jung: ETG, l. c., S. 155
12 C. G. Jung: GW 4, Freud und die Psychoanalyse, S. 143 ff.
13 C. G. Jung: GW 8, Die Dynamik des Unbewußten, S. 3 ff.
14 M. L. von Franz: C. G. Jung, Verlag Huber, S. 107
15 C. G. Jung: ETG, l. c., S. 171
16 C. G. Jung: GW 5, Symbole der Wandlung, S. 533 ff.
17 C. G. Jung: GW 8, Die Dynamik des Unbewußten, S. 52
18 C. G. Jung: ETG, l. c., S. 171 ff.

2. Der Individuationsprozeß

1 Jolande Jacobi: Die Psychologie C. G. Jungs, Ex Libris, Zürich, S. 162 ff.
2 C. G. Jung: GW 7, Die Beziehungen zwischen dem Ich und dem Unbewußten, S. 191
3 C. G. Jung: GW 7, l. c., S. 211 f.
4 C. G. Jung: GW 7, l. c., S. 198

[5] C. G. Jung: GW 7, l. c., S. 179
[6] C. G. Jung: GW 7, l. c., S. 203
[7] C. G. Jung: GW 9/2, Aion, S. 30
[8] C. G. Jung: GW 7, l. c., S. 256 ff.
[9] Barbara Hannah: l. c., S. 55
[10] C. G. Jung: GW 16, Die Psychotherapie der Gegenwart, S. 108
[11] C. G. Jung: GW 16, l. c., S. 283
[12] C. G. Jung: GW 16, l. c., S. 213
[13] Shankara: l. c., S. 191
[14] Jolande Jakobi: l. c., S. 160 ff.
[15] C. G. Jung: GW, Analytische Psychologie und Weltanschauung
[16] Shankara: l. c., S. 176 ff.
[17] C. G. Jung: ETG, S. 191
[18] C. G. Jung: GW 7, l. c., S. 261 ff.
[19] Richard Wilhelm und C. G. Jung: Das Geheimnis der Goldenen Blüte, Rascher Verlag, S. 47 ff.
[20] C. G. Jung: GW 9/11, Der Animabegriff, S. 71
[21] C. G. Jung: GW 9/11, l. c., S. 85
[22] C. G. Jung: GW 16, l. c., S. 314
[23] C. G. Jung: Tantra-Seminar, l. c., S. 14
[24] Jaideva Singh: Shiva-Sutras, l. c., S. 53
[25] C. G. Jung: GW 7, l. c., S. 249
[26] C. G. Jung: GW 7, l. c., S. 211
[27] Richard Wilhelm und C. G. Jung: l. c., S. 124
[28] Richard Wilhelm und C. G. Jung: l. c., S. 130
[29] C. G. Jung: GW 7, l. c., S. 245 ff.
[30] Jolande Jacobi: l. c., S. 166
[31] C. G. Jung: GW 18/2, Tiefenpsychologie und Selbsterkenntnis, S. 882
[32] C. G. Jung: GW 18/1, l. c., S. 169
[33] C. G. Jung: GW 18/1, l. c., S. 170
[34] S. 95 ff.
[35] Swami Muktananda: Understanding Siddha-Yoga, Bd. 1, S. 25 ff.
[36] Guru Gita: l. c., S. 108
[37] G. R. Heyer: l. c., S. 231
[38] C. G. Jung: ETG, S. 357

3. Die Sprachlosigkeit Jungs

[1] C. G. Jung: ETG, S. 197 ff.
[2] C. G. Jung: GW 12, Psychologie und Alchemie, S. 360
[3] Kurt Koch: Pfarrblatt Nr. 21 v. 21. 5. 83, Münsingen
[4] C. G. Jung: GW 12, S. 360
[5] C. G. Jung: ETG, S. 336 ff.

[6] C. G. Jung: ETG, S. 335
[7] C. G. Jung: ETG, S. 1897
[8] Yves Congard: Der Heilige Geist, Herder Verlag
[9] Walter J. Hollenweger: Enthusiastisches Christentum
[10] Yves Congard: l. c., S. 274 ff.
[11] G. R. Heyer: l. c., S. 237

Glossar der wichtigsten Sanskrit-Begriffe

Abhiseka:	Salbung; esoterisch der innere Reinigungsprozeß
Agama:	Heilige Tradition
Anugraha:	Siehe Shaktipat
Asana:	Yoga-Stellungen, Yogasitz
Ashram:	Wohnsitz eines Guru oder Heiligen; geistige Gemeinschaft
Atman:	Das innere Selbst des Menschen
Avidya:	Unwissenheit
Bhakti:	Verehrende Hingabe
Bhoga:	Spezifische Erfahrung von Glück oder Wonne im Kundalini-Yoga
Brahman:	Das Absolute
Bhairava:	Das universelle Selbst, ein Name Shivas
Chakra:	Zentrum feinstofflicher Energie im Körper
Chiti:	Chitshakti, Kundalini, Mahamaya, Parashakti, Shakti: bewußte göttliche Energie, der dynamische Aspekt des Absoluten, im Indischen als Göttin bezeichnet
Darshan:	Einen Heiligen (auch ein heiliges Bild oder Statue) aufsuchen und dessen Segen empfangen
Diksha:	Einweihung, Segensgeschenk
Dhyana-Yoga:	Meditations-Yoga

Guna:	Grundeigenschaft der Natur. Es gibt drei solcher Grundeigenschaften: *sattva* oder Ausgeglichenheit, *raja* oder Tätigkeit, *tama* oder Trägheit
Guru:	Ein vollkommener geistiger Meister oder das Prinzip, das vom Dunkel *(gu)* ins Licht *(ru)* führt
Gurukripa:	Die Gnade des vollkommenen Meisters
Hieranyagarbha:	Der «goldene Schoß» oder der feinstoffliche Körper
Hatha-Yoga:	Jener der vier wichtigsten Yoga-Pfade, in dessen Vordergrund die Beherrschung des Körpers und seiner Funktionen steht
Jivanmukta:	Ein schon im Leben, d. h. im Körper Befreiter
Ishvara:	Der Schöpfergott
Jiva:	Das menschliche Einzelselbst
Ida:	Weiblicher, feinstofflicher Energiestrom
Jnana:	Erkenntnis, Weisheit
Karma:	Kraft der Auswirkungen früherer Handlungen
Kancuka:	Hüllen, welche die Erfahrung des beschränkten Wesens bedingen
Kosha:	Hülle; der Vedanta unterscheidet fünf das Selbst verdeckende Hüllen
Krya:	Yoga-Stellung oder Bewegung, die sich in Meditation ohne eigenes Zutun einstellt
Kundalini:	Die sog. Schlangenkraft; die Schöpferkraft des Universums, welche ihren Sitz im aufgerollten Zustand an der Wurzel des Rückgrats hat (siehe *chiti*)
Mahasamadhi:	Höchste Vollendung im Zustand meditativer Einheit mit dem Absoluten
Mala:	Unwissenheit
Marga:	Pfad, Weg
Maya:	Abwesenheit wahrer Erkenntnis
Moksha:	Erlösung
Mumukshuttva:	Sehnsucht nach Befreiung

Nadi:	Feinstoffliche Kanäle oder Nervenbahnen, durch welche Prana fließt
Natha:	Schutzherr
Paramahamsa:	Eine selbstverwirklichte Person. *ham* = Purusha, *sah* = Prakriti
Paramashiva:	Die Höchste Realität
Prajna:	Intelligenz
Prakasha:	Licht als Prinzip der Selbstoffenbarung der Höchsten Realität
Prana:	Atem, Lebenskraft (siehe Kundalini)
Pranayama:	Atembeherrschung, Atemübung
Prakriti:	Urnatur oder Urmaterie. Eines der zwei Grundprinzipien des Samkhya (siehe Prakriti)
Pralaya:	Potenzieller Zustand der Schöpfung
Pratyabhijna:	Wiedererkennung
Purusha:	Das innere Selbst des Menschen als der unendliche Aspekt Shivas. Eines der zwei Grundprinzipien des Samkhya (siehe Prakriti)
Sabd:	Göttlicher Klangstrom
Sadhana:	Die Lebensperiode oder der Weg geistiger Schulung
Sadguru:	Der wahre (göttliche) Guru (*sat:* Weisheit, Erkenntnis)
Shaktipat:	Übertragung spiritueller Kraft vom Guru auf den Schüler (geistige Erweckung)
Shatkasampatti:	Spirituelles Leben
Spanda:	Schöpferische Vibration als Uranfang
Sadhaka:	Ein Mensch, der sich auf dem geistigen Pfad befindet
Sampradaya:	Gemeinschaft, deren Tradition auf einen Weisen oder Guru zurückgeführt wird
Saptah:	Siebentägiges Singen von Mantras
Sat-Chit-Ananada:	Reines Sein, reines Bewußtsein, reine Glückseligkeit
Satsang:	Versammlung der Anhänger, um gemeinsam die Schriften zu hören, zu singen oder auch nur in der Gegenwart des Guru zu sitzen

Seva:	Arbeit für den Guru
Shakti:	Siehe *chiti*
Shastra:	Lehrbuch
Shiva:	Das Absolute als reines Bewußtsein
Siddhi:	Übernatürliche Kräfte
Vedanta:	Ende *(anta)* der Vedas, nichtdualistische Philosophie der Upanishaden
Viveka:	Unterscheidung zwischen dem Wirklichen und dem Unwirklichen
Tantra:	Esoterische, gnostische Lehren im Hinduismus und Buddhismus
Tattva:	Das Prinzip der «Verdichtung» im kosmischen Prozeß
Upaya:	Der individuelle Befreiungsweg
Yoga:	Weg, Technik, ins «Joch spannen», «anschirren»

Bibliographie

Amma. Swami Muktananda Paramahamsa. Bombay: Vora, 1969
Avalon, Arthur. Die Schlangenkraft. München: Barth, 1975

Bhagavad Gita. Zürich: Rascher, 1946
Bharati Agehananda. The Light at the Centre. London: East-West Publ., 1976
– Die Tantra-Tradition. Freiburg i. Br.: Aurum, 1972
Bleuler, Eugen. Lehrbuch der Psychiatrie. Berlin: Springer, 1979
Boldt, J. Johannes vom Kreuz. Zürich: Ex Libris
Böhme, Jakob. Aurora. Freiburg i. Br.: Aurum, 1977
Bräker, Hans. Der Weg nach Asien. Zürich: Ex Libris, 1980

Capra, Fritjof. Wendezeit. Bern: Scherz, 1983
Congar, Yves. Der Heilige Geist. Freiburg: Herder, 1982

Deussen, P. Die Sutra's des Vedanta. Hildesheim: Olms, 1982

Meister Eckhart. Deutsche Predigten und Traktate. Diogenes TB, 1979
Eliade, Mircea. Yoga. Insel, 1977
Ellenberger, Henry F. Die Entdeckung des Unbewußten. Bern: Huber, 1973

Franz, Marie-Louise v. C. G. Jung. Frauenfeld: Huber, 1972

Gebser, Jean. Asien lächelt anders. GW Bd. 6, Novalis
Gonda, Jan. Die Religionen Indiens. Kohlhammer, 1978
Günther, Herbert V. Tantra als Lebensanschauung. Bern: Scherz, 1974
Guru Gita. Landshut: Neumeyer, 1975

Haack, Friedrich-Wilhelm. Jugendreligionen. München: Heyne
Hannah, Barbara. C. G. Jung – Sein Leben und Werk. Fellbach: Bonz, 1982
Hauer, J. W. Der Yoga. Fulda: Bruno Martin, 1983
Hollenweger, Walter J. Enthusiastisches Christentum. Zürich: Zwingli Verlag, 1969
Hummel, Reinhart. Indische Mission und neue Frömmigkeit im Westen. Kohlhammer, 1980

Introduction to Kashmir Shaivism. Oakland: SYDA Foundation

Jacobi, Jolande. Die Psychologie von C. G. Jung. Zürich: Ex Libris, 1971
Jaideva Sing. Pratyabhijnahrdayam. Delhi: Motilal, 1980
– Spanda-Karikas. Delhi: Motilal, 1980
– Vijnanabhairava. Delhi: Motilal, 1979
– Shiva-Sutras. Delhi: Motilal, 1979
Jung, C. G. Gesammelte Werke. Olten: Walter
– Erinnerungen, Träume, Gedanken. Zürich: Ex Libris, 1979
– Psychological Commentary on Kundalini Yoga. NY: Spring, 1975/1976
– Kindertraumseminar 1938/39. Küsnacht: C. G. Jung-Institut

Katz, Nathan. Buddhist and Western Psychology. Boulder, Colorado: Prajna Press, 1983
Krishna, Gopi. Kundalini. Bern: Scherz, 1977
– Die verborgene Kammer des Bewußtseins. München: Barth, 1975
– Die neue Dimension des Yoga. München: Barth, 1975

Mensching, Gustav. Die Weltreligionen. Darmstadt: Habel
Mookerjee. Kundalini. Bern: Origo, 1984
Mookerjee/Madhu Kama. Die Welt des Tantra in Bild und Deutung. Zürich: Ex Libris, 1978
Muktananda, Paramahamsa. Spiel des Bewußtseins. Freiburg i. Br.: Aurum, 1979
– Kundalini. Freiburg i. Br.: Aurum, 1971
– Secret of the Siddhas. South Fallsburg NY: Syda Foundation, 1980
– La Méditation Siddha. Paris: Maisonneuve, 1978
– Understanding Siddha-Yoga. South Fallsburg NY: Syda Foundation, 1980

Otto, Rudolf. Das Heilige. München: Beck, 1979
– West-östliche Mystik. München: Beck, 1971

Patanjali. Die Wurzeln des Yoga. Bern: Scherz, 1976

Reich, Wilhelm. Die Entdeckung des Orgons II. Fischer TB, 1974

Schlegel, Leonhard. Grundriß der Tiefenpsychologie 2. München: Francke, 1975
Shankara. Das Kleinod der Unterscheidung. Bern: Scherz, 1981
Spiegelberg, Frédéric. Die lebenden Weltreligionen. Insel, 1977
Suzuki, D. T. Der westliche und der östliche Weg. Ullstein Materialien, 1980
Tart, Charles T. Transpersonale Psychologie. Olten: Walter, 1978
Tweedie, Irina. Wie Phönix aus der Asche. Bern: Scherz, 1979

Upanishaden. Düsseldorf: Diederichs, 1979

Watts, Alan. Psychotherapie und östliche Befreiungswege. München: Kösel, 1980
Wilhelm, Richard und C. G. Jung. Das Geheimnis der Goldenen Blüte. Zürich: Rascher

Yogananda. Autobiographie eines Yogi. München: Barth

Zaehner, Robert C. Mystik, Harmonie und Dissonanz. Olten: Walter, 1980
Zimmer, Heinrich. Der Weg zum Selbst. Düsseldorf: Diederichs, 1981
– Philosophie und Religion Indiens. Suhrkamp TB, 1979

Die Gespräche des großen Weisen unseres Jahrhunderts – erstmals vollständig in deutscher Sprache

Ramana Maharshi
Gespräche des Weisen vom Berge Arunachala

Erstmals vollständig in die deutsche Sprache übertragen.
568 Seiten, Ganzleinen mit Goldprägung und Schutzumschlag
ISBN 3-7157-0058-0

Zu den großen Gestalten des spirituellen Lebens in diesem Jahrhundert gehört Sri Ramana Maharshi (1879–1950) von Tiruvannamalai am heiligen Berg Arunachala in Südindien, ein Heiliger mit außerordentlicher Ausstrahlung. Bereits als Sechzehnjähriger wurde er einer mystischen Todeserfahrung teilhaftig. Dieser in voller Bewußtheit durchlebte mystische Tod wurde für ihn zum Durchgangstor und zur Geburt des wahren Selbst, dessen er fortan gewahr blieb.

Ramana Maharshi lebte ganz schlicht am Fuße des heiligen Berges. Tausende von suchenden Menschen sind zu ihm gepilgert, westliche Besucher wie Inder, berühmte Persönlichkeiten wie einfache Leute; alle fanden bei ihm den Frieden, nach dem sie sich ihr Leben lang gesehnt hatten.

Über dreißig Jahre nach seinem Tod sind die ‹Gespräche› des Meisters erstmals in einer vollständigen deutschen Ausgabe zugänglich. Sie sind praktisch der einzigen großen Suchfrage ‹Wer bin ich?› gewidmet, erhellen aber auch das große Thema der Suche nach dem Selbst, nach Erkenntnis und Selbst-Verwirklichung. Sie lehren das subtile Gewahrwerden des eigenen inneren Meisters, der uns zum ewigen Sein und zur Geburt des neuen Menschen führen kann.

Die Gespräche lehren das endgültige Erwachen zur Wahrheit. Deshalb finden sich in den Lehrmitteilungen dieses Buches immer wieder Hinweise für die Meditation, deren Zweck es ist, die rastlose Gedankenflucht einzudämmen, und einem beständig gedankenfreien Hintergrund Platz zu machen. In diesem stillen Sein – ohne Gedanken – wird der Mensch des inneren Friedens und der Einheit teilhaftig.

Es handelt sich bei diesen Gesprächen nie um allgemein erteilte Lehren. Ramana Maharshi ging stets auf den Fragenden ein, gleichgültig, ob es sich um ein intellektbefangenes Weltkind oder einen schon lange auf dem Weg befindlichen Gottsucher handelte. Der unschätzbare Wert von Ramana Maharshis Gesprächen liegt darin, daß es keine Fragen und keine inneren Probleme von Wahrheitssuchern gab und noch gibt, die nicht von ihm in seiner unendlichen Güte und Weisheit beantwortet und gelöst worden sind.

Ramana Maharshis ‹Gespräche› sind zeitlos gültige Wegmarken auf dem Pfad der Selbstbefreiung.

Ein kostbarer Führer auf dem Weg der Selbst-Verwirklichung – von Ramana Maharshi hoch geschätzt

Die geheime Botschaft der Göttin Tripura (Tripura Rahasya)

240 Seiten, Ganzleinen mit Goldprägung und Schutzumschlag
ISBN 3-7157-0090-4

Tripura Rahasya ist ein kostbares Juwel indischer Spiritualität. Ramana Maharshi, der Weise vom Berge Arunachala, schätzte es als größtes und klarstes Lehrbuch der Advaita-Philosophie, des Weges der Befreiung und Selbst-Verwirklichung. Es bringt einen Dialog zwischen dem berühmten mythischen Meister Dattatreya und seinem Kriegerschüler Parasurama. Der Meister läßt in seine Unterweisungen zahlreiche Parabeln, Schlüsselerzählungen und mystische Legenden einfließen, um seine hohe Botschaft noch weiter zu vertiefen.

Ursprung und Ziel des Befreiungsweges ist die Göttin Tripura, die universelle, dreifach göttliche Mutter. Sie ist ewige Weisheit und Licht einer allumfassenden Liebe. Sie ist es, die nie aufhört, die menschliche Seele zu rufen. Sie ist die Wegbegleiterin des *jivanmukti,* des zu Lebzeit Befreiten.

Das Buch bringt keine Spekulationen, sondern zeigt die praktische Suche und Nachfolge des Erlösungsweges auf. Es untersucht keine transzendentalen Ursachen der irdischen Knechtschaft. Das einzige, was zählt, ist, wie man ihr *hier und jetzt* entfliehen kann. Im Kernstück des Werks werden die subtilen Hindernisse intellektueller und existenzieller Art, die sich vor jedem echten spirituellen Übungsweg aufrichten, aufs genaueste betrachtet. Es werden Vorurteile, sprachliche Fallen, Denkgewohnheiten und die unbewußten Wünsche ergründet, die am Werk sind und die eine wirksame Befreiung verhindern.

«Selbst-Verwirklichung zeigt alles im Lichte der Einheit, wo Erkennender, Erkenntnis und Erkanntes eins *sind. Alles Elend und alle Furcht endet, wenn die Einheit erreicht ist. Nach dem Erlöschen der Vorstellung von Zweiheit kann es Furcht so wenig geben wie es Dunkelheit gibt, nachdem die Sonne aufgegangen ist. Alle Zweifel werden beseitigt und alle Neigungen verschwunden sein. Das Gemüt wird kristallklar. Nur ein Ziel lohnt den Einsatz aller Kräfte: die Verwirklichung des Selbst. Nur sie bedeutet Eintreten in den Zustand ewiger Glückseligkeit.»*

Tripura Rahasya wird für den Leser eine Art Meditationsstätte sein, die ihm immer wieder aufs neue die sonst kaum überbrückbare Kluft überwinden helfen kann, die sich unaufhörlich zwischen «metaphysischen» Theorien und dem täglichen Leben auftut.

Einweihung in die Welt des Wirklichen

YOGAVASISTHA
Die Lehren des Weisen Vasistha

Nach der Version des Vasistha-Samgraha
aus dem Sanskrit ins Deutsche übertragen.
196 Seiten, Leinen
ISBN 3-7157-0112-9

Yogavasistha wurde etwa zwischen dem 5. und 13. Jhdt. verfaßt. Es wird dem legendären Rishi (Seher) Valmiki, dem Verfasser des berühmten Ramayana zugeschrieben. Es zählt neben der Bhagavadgita und dem bereits erwähnten Ramayana zu den wohl bekanntesten und meistgelesenen Klassikern Indiens. Ramana Maharshi, der Weise vom Berge Arunachala, empfahl Yogavasistha als Essenz der Lehren des Vedanta und hat sogar einige Kernsätze daraus in seine «Vierzig Verse» aufgenommen.

Yogavasistha enthält die Gespräche zwischen dem jungen Prinzen Rama und dem weisen Hofpriester Vasistha über den Yoga als Weg zur Befreiung in seinem vollen, ursprünglichen Sinn. «Wer bin ich?» und «Was ist die Welt?» sind die zentralen Fragen. Der Weise Vasistha verdeutlicht anhand von zahlreichen Episoden, Gleichnissen und beispielhaften Lehrgeschichten den Befreiungsweg durch Selbsterforschung (vichara). Er gipfelt letztlich im unverrückbaren Wissen (jnana), daß das Selbst weder auf Körper und Gemüt beschränkt noch vom Universum getrennt ist.

Vasistha zeichnet eindrucksvoll das innere Bild des Lebend-Befreiten (jivanmukti) und Wissenden. Es ist das Vorbild des Menschen der Tat und der Freude. Er erfüllt seine Lebensaufgaben in dieser Welt. Seine Askese ist eine Askese *in* der Welt. Er ist nicht mehr Wünschen und Abneigungen unterworfen und wird keine Beute mehr von Sorgen und Ängsten, Bindungen und Illusionen, Lust und Schmerz. Er schaut auf alles als unparteiischer Zeuge. Er erhebt andere zu höheren Zuständen der Freude, und bringt der Welt und den Menschen Frieden und Heilung.

In Yogavasistha sind die ewigen Wahrheiten des Lebens, aber auch die Prozesse und Zustände auf dem Befreiungsweg unvergleichlich klar, begreifbar *und* erreichbar auch für alle beschrieben, die ein normales tägliches Leben führen mit allen Spannungen und Problemen. Das Buch verdient es, auch bei uns bekannt zu werden. Es ist wie ein Atemzug reinster Luft, wie ein goldener Sonnenstrahl. Es ist ein Buch für all jene, welche die Täuschung und Unwirklichkeit ihres bisherigen Lebens erahnt oder bereits erkannt haben, und die nach der Erfahrung des Wirklichen streben, hier und jetzt.